REALITY

Burkhard Schröder

Aussteiger

Burkhard Schröder

Burkhard Schröder lebt als Schriftsteller und freier Journalist in Berlin. Seit 1988 recherchiert und schreibt er über die rechte Szene. Aus dieser Arbeit sind zahlreiche Bücher entstanden, unter anderem: »Rechte Kerle. Skinheads, Faschos, Hooligans« (1992), »Ich war ein Neonazi« (über Ingo Hasselbach) (1994), »Neonazis und Computernetze« (1995), »Der V-Mann« (1997), »Im Griff der rechten Szene – ostdeutsche Städte in Angst« (1997), »Nazis sind Pop« (2000).
Schröder hat auch Bücher über Drogen, Computer-Themen, SF-Storys und historische Romane geschrieben, zuletzt: »Die Konquistadoren« (2000).

Weitere Informationen zum Aussteiger-Buch ab März 2002 auf www.burks.de/ausst.html

Aussteiger

Wege aus der rechten Szene

RAVENSBURGER BUCHVERLAG

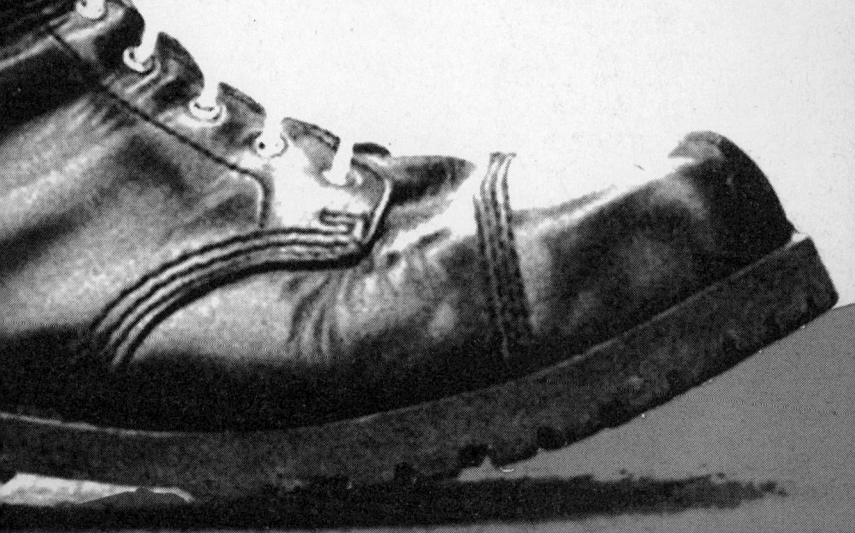

Originalausgabe
als Ravensburger Taschenbuch
Band 58175
erschienen 2002
© 2002 Ravensburger Buchverlag
Otto Maier GmbH

Umschlagillustration: init Bielefeld

 RTB-Reihenkonzeption:
Heinrich Paravicini, Jens Schmidt

**Alle Rechte dieser Ausgabe
vorbehalten durch
Ravensburger Buchverlag**

Printed in Germany

**Die Schreibweise entspricht den
Regeln der neuen Rechtschreibung.**

5 4 3 2 1   06 05 04 03 02

ISBN 3-473-58175-5

www.ravensburger.de

REALITY

INHALT

Prolog	↬	7
Ingo Hasselbach	↬	11
Detlef Nolde	↬	86
Danny Thüring	↬	135
Michael Petri	↬	186

 **Prolog**

Wer rassistische und antisemitische Vorurteile hat, muss nicht zur rechten Szene gehören. Wer aber den politischen Gegner mit Terror einschüchtern will, wer Menschen, die vorgeblich »fremd« sind, bedroht, anpöbelt und sie mit Gewalt vertreiben will, wer von einer nationalen »Volksgemeinschaft« träumt, der passt in das tiefbraune Milieu. Und wer von einer Wiedergeburt des nationalen Sozialismus träumt, der ist ein Neonazi. Davon gibt es mehrere Zehntausend in Deutschland, nicht nur Jugendliche mit dem typischen »Skinhead«-Outfit, sondern genug Ältere, Unbelehrbare, die andere verführen und in den rechten Sumpf hineinziehen wollen. Wer als Heranwachsender unter den Einfluss rechter Demagogen gerät, ist Argumenten kaum noch zugänglich, der übernimmt irgendwann widerspruchslos jede Propaganda der Szene, mag sie auch noch so dumm und bar aller historischen Fakten sein.

Das rechte und neonazistische Milieu ist nicht immer straff organisiert. Einzelne Wortführer und Drahtzieher arbeiten seit vielen Jahren daran, neuen Nachwuchs heranzuziehen, aber die kleinen politischen Parteien am rechten Rand der Gesellschaft bilden nur eine Art Durchlauferhitzer für rassistische Einstellungen. Viele, die in diese Szene hineingeraten sind, wechseln von einer Gruppe in die andere, ohne sich um theoretische Diskussionen viel zu kümmern.

Was zählt, ist der angebliche Zusammenhalt der »Kameradschaft«, die »Action«, der gemeinsame Besuch von Konzerten rechter Bands, punktuelle Gewalt auf der Straße gegen Linke und gegen Menschen, die die Neonazis für Ausländer halten wie zum Beispiel Afrodeutsche.

Wer aus diesem Milieu aussteigt, zieht sich oft lediglich ins Privatleben zurück und meidet die Gewalt, seine politische Meinung ändert sich damit jedoch noch nicht – er ist kein »echter« Aussteiger. Aber es gibt andere, die ihren Schritt öffentlich gemacht, die über ihre Vergangenheit und über die Motive für ihr Mittun in der rechten Szene nachgedacht haben und die nachvollziehen wollen, wie ihre Meinungsänderung sich vorbereitet und letztlich vollzogen hat.

Einige von ihnen vermarkten sich, andere verhalten sich still und versuchen gar, die ehemaligen »Kameraden« davon zu überzeugen, dass ihr Weg der falsche ist. Wieder andere wollen vom braunen Milieu nichts mehr wissen, vielleicht auch aus Scham, den Unfug, der dort gepredigt wird, ohne Widerspruch hingenommen zu haben. Programme, gar von staatlicher Seite, haben jedoch noch niemanden dazu gebracht, seine politischen Irrtümer einzusehen. Einem Aussteiger aus der Neonazi-Szene kann ein Außenstehender nur schwer helfen. Der Weg aus diesem sektenähnlichen Milieu hinaus dauert lange, manchmal Jahre, und ist schwierig, weil kaum jemand nachvollziehen kann, was im Inneren der Betreffenden vorgeht.

Dieses Buch schildert die Lebensgeschichten von vier führenden Neonazis, drei von ihnen stammen aus den neuen Bundesländern.

Ingo Hasselbach, der »prominenteste« unter ihnen, war über Jahre Dauergast in Talkshows und darüber hinaus präsent in allen Medien. Er hat selbst zwei Bücher geschrieben. Jemand, der seine Biografie kennt und schon vor seinem Ausstieg einen Einblick in das Milieu hatte, in dem er verkehrte, sieht viele Dinge unter einem anderen Blickwinkel. Nicht alles, was in den Medien über ihn gesagt wurde und wird, entspricht den Tatsachen.

Drei weitere Aussteiger haben sich bisher öffentlich nicht präsentiert, obwohl sie in der rechten Szene überregional bekannt waren und zahlreiche jugendliche Sympathisanten und Mitläufer über Jahre aufgehetzt und in neonazistische Organisationen eingebunden haben.

Detlef Nolde war mehr als zehn Jahre fanatischer Nationalsozialist, Aktivist einer heute verbotenen neofaschistischen Partei, Organisator der so genannten »Anti-Antifa«-Broschüre und Anführer mehrerer »Kameradschaften« in Berlin, die er selbst gegründet hatte. Sein Ausstieg bereitete sich lange vor und »wartete« auf einen Anlass – der schließlich mit einem spektakulären Kriminalfall in der rechten Szene auch ausgelöst wurde.

Danny Thüring stammt aus Wittenberg in Sachsen-Anhalt und lebt heute als erfolgreicher Computer- und Multimedia-Spezialist in Frankfurt am Main. Es führt kein gerader und logischer Weg vom Neonazi-»Kameradschaftsführer« aus Sachsen-Anhalt zum politisch links denkenden Webdesigner in Hessen. Thüring hat sich, ohne dass er mit jemandem darüber reden konnte – ebenfalls nach einem langen und schwierigen Prozess –, für den Ausstieg aus der Neonazi-Szene entschieden.

Michael Petri aus Hessen hat mit seiner Vergangenheit restlos abgeschlossen und lässt sich ungern daran erinnern. Petri widerlegt alle Legenden vom dummen Jungen aus problematischem Elternhaus, der, wie viele Sozialarbeiter meinen, aus »Orientierungslosigkeit« oder »Frust« beinahe automatisch zum Rassisten und Antisemiten hat werden müssen. Alles das trifft auf ihn nicht zu. Nichts in seiner Biografie ließ seine Neonazi-Karriere erahnen. Das stimmt auch nachdenklich:

Wenn es keine hinreichenden Indizien dafür gibt, wenn man nichts darüber sagen kann, wann es wahrscheinlich ist, dass jemand in das ultrarechte Milieu geraten kann, wenn er nur die »falschen« Leute kennen lernt – dann gibt es keine Garantie dafür, dass Jugendliche, die ohne sichtbare Probleme aufwachsen, nicht auch gefährdet sein könnten, in die falsche politische Richtung abzudriften.

*Berlin-Kreuzberg,
im November 2001
Burkhard Schröder*

Hasselbach als »Führer von Berlin«

 # Ingo Hasselbach

Ingo Hasselbach ist ein »Kind der DDR«. Er wird am 14. Juli 1967 in Berlin-Weißensee geboren. Die Mutter ist allein stehend und Journalistin bei der großen DDR-Nachrichtenagentur ADN. In den ersten Jahren wachsen er und sein jüngerer Bruder Jens bei den Großeltern auf. Seinen Vater hat er damals nicht kennen gelernt, denn der ist mit einer anderen Frau verheiratet. Als Ingo vier Jahre alt ist, heiratet die Mutter einen Kollegen, den Chefredakteur derselben Agentur, und zieht mit ihm und ihren Kindern in eine Wohnung in einem der zahlreichen Neubauviertel der Stadt.

1973 wird Ingo eingeschult und bald ist er Mitglied der Jungpioniere wie fast alle Schulkinder der DDR. Täglich trägt er ein blaues Halstuch und bei besonderen Anlässen ein weißes Hemd mit dem Emblem der Pionierorganisation.

Jeden Morgen, wenn er das Haus verlässt, begegnet er einer älteren Frau, die in der Wohnung über ihnen wohnt. Sie ist berühmt, denn sie ist eine Antifaschistin, eine Frau, die in einer Widerstandsgruppe gegen das Hitler-Regime gekämpft hat. Sie sollte während der Nazizeit wegen ihrer illegalen Arbeit hingerichtet werden, doch es gelang ihr, nach Norwegen zu fliehen. Diese Frau holt, wenn Ingo die Treppe hinuntersteigt, ihre Zeitung, das »Neue Deutschland«, aus dem Briefkasten und lässt es sich dabei nicht nehmen, sein blaues Pionierhalstuch »richtig« zu binden. Ordnung muss sein. Selten schafft er es, der Frau aus dem Weg zu gehen.

Die meisten seiner Schulkameraden kommen aus »vorbildlichen sozialistischen Familien«. Fast alle Eltern sind beim Ministerium für Staatssicherheit beschäftigt. Einer, mit dem Ingo sich zuerst anfreundet, ist Frank Lutz – Jahre später wird er den Spitznamen »Schmutz« erhalten und wie Ingo Hasselbach ein Anführer von Neonazis sein. Dessen Vater und Mutter sind beide Stasi-Majore. Wenn ein politisches Thema im Unterricht behandelt wird, arbeiten die Eltern zu Hause aus, was das Kind in der Schule vorzutragen hat.

Ingos Stiefvater ist eines derjenigen Mitglieder der SED, die die Politik der Partei nie anzweifeln. Und in diesem Sinn will er Ingo und seinen Bruder Jens erziehen, sie zu »vorbildlichen« Mitgliedern der Gesellschaft machen und auch von den schädlichen Einflüssen des »Westens«, insbesondere des Fernsehens, fern halten. Er selbst aber muss aus beruflichen Gründen, da er Journalist ist, die unerwünschten Informationen aus dem Westen wenigstens zur Kenntnis nehmen. Deshalb schickt er die Kinder immer in ein anderes Zimmer, wenn er die »Tagesschau« anstellt. Die Kinder dürfen nur die DDR-Nachrichtensendung »Aktuelle Kamera« sehen. Ganz anders die Mutter: Sie erlaubt auch ARD und ZDF, wenn der Stiefvater nicht zu Hause ist. Sie erklärt den Söhnen, dass vieles von dem, was die Partei über den Westen behauptet, ihrer Ansicht nach übertrieben sei. Sie weiß aber genau, was passieren kann, wenn diese Fernseherlebnisse ihrer Söhne in der Schule ruchbar würden, und sie warnt Ingo, etwas darüber auszuplaudern. Der weiß heute, dass er »begeistert von dem war, was die Mutter sagte«. Und er erinnert sich, dass ihm solch Widerspruch gefiel. Er mochte es nicht, wenn jemand ihm vorzuschreiben versuchte, was er tun sollte.

Das ist ein Charakterzug, mit dem die Mutter umgehen kann, doch in der Schule ist eine solche Haltung unerwünscht. Schon in der ersten Klasse, erzählt Hasselbach, habe er sich mit einem Lehrer angelegt. Beim gemeinsamen Mittagessen nimmt er nicht die korrekte Haltung am Tisch ein: Er schaufelt die Suppe mit dem Löffel in der Faust in sich hinein. Der Lehrer befiehlt ihm streng, doch »ordentlich« zu essen. Ingo aber reagiert trotzig, sagt: »Mach, dass du wegkommst!«, und droht dem Lehrer mit der Faust. Das ist eigentlich komisch, doch der Lehrer verkraftet das nicht. Ingo erhält einen strengen Tadel und wird vor der ganzen Klasse gemaßregelt.

Und dann auch noch eine Prügelei! Ingo schlägt sich mit einem Mädchen. Er weiß nicht mehr warum, nur »dass sie mich lächerlich gemacht hatte«. Er ist schon damals größer und stärker als die meisten in seiner Klasse und kann seine Kräfte nicht richtig einschätzen. Er schlägt zu und bricht dem Mädchen das Nasenbein. Dieses Mal gibt es einen Tadel vor sämtlichen Schülern, die extra in der Hofpause antreten müssen. Ingos Stiefvater ist empört über den »ungezogenen« Sohn und reagiert mit häuslichen Strafen.

Frank Lutz ist Ingos engster Kumpan. Auch er hat nur Ärger zu Hause. Sein Vater ist gewalttätig und verprügelt ihn zu jeder sich nur bietenden Gelegenheit. Ingo hingegen wird, wenn nicht gerade wieder »etwas anliegt«, von seinem Stiefvater kaum beachtet. Der gibt seinem Sohn das Gefühl, überflüssig zu sein. Ingo ist nicht sein leibliches Kind. Es bleibt nicht aus: Ingo und Frank beeinflussen sich in der Folge gegenseitig – und sie treiben es immer bunter. Als Kinder privilegierter Eltern dürfen sie sich mehr herausnehmen als andere und können es sich leisten, auf »erzieherische Maßnahmen« trotzig zu reagieren. Die Schule müsste über die schwierigen Schüler an übergeordnete Stellen Bericht erstatten. Das aber geschieht offenbar nicht, denn die Lehrer hätten damit zugegeben, dass sie versagt haben, was sich negativ auf die Beurteilung der Schule ausgewirkt hätte. Da der »Scheiß, den wir machten«, so Ingo Hasselbach heute, »in der Folge zumeist ungeahndet blieb«, fühlen Ingo und Frank sich stets bestärkt.

Die Jungpioniere treffen sich regelmäßig zu Pioniernachmittagen. Ein Gruppenleiter wird demokratisch gewählt, ein Stellvertreter, ein Kassierer für die Beiträge, die jeder Pionier in die Gruppenkasse zu zahlen hat. An diesen Nachmittagen gibt es Spiele, Wanderungen, gemeinsame Kinobesuche. Oft werden auch politische Themen behandelt, die aber, weil sie sich häufen, trocken und sehr theoretisch ablaufen. Hasselbach: »Noch heute muss ich grinsen, wenn ich daran denke, dass die Nachmittage bei den Jungpionieren ähnlich abliefen wie später die ›Kameradschaftsabende‹ bei den Neonazis. Ich habe mit Frank Lutz häufig darüber gelacht.«

Der Jungpionier Ingo singt, wie alle es tun, das Lied »Ich bin stolz, ein Pionier zu sein« und hebt die Hand zum Gruß: »Seid bereit! Immer bereit!« Er ist ein Wortführer in der Klasse, die Mitschüler mögen ihn, weil er sich traut, gegenüber den Lehrern den Mund aufzumachen. Doch er darf wegen der »negativen Vorkommnisse« nicht zum Vorsitzenden der Pioniergruppe gewählt werden.

Manchmal kommen ehemalige antifaschistische Widerstandskämpfer oder Veteranen der Arbeiterbewegung in die Schule oder zu den Pioniernachmittagen. Die erzählen, wie sie von den Nazis verfolgt wurden und was sie in Gefängnissen und Konzentrationslagern durchlitten haben. Oder die Schulklasse fährt zu Denkmälern für ermordete Antifaschisten. Die Lehrer berichten aus deren Leben, um in den Kindern Vorbilder aufzubauen. Ingo war von den alten Kämpfern, die in der Schule auftraten, fasziniert. »Die waren ja siebzig oder achtzig und hatten eine Menge erlebt. Das war wie ein spannender Abenteuerroman für uns.«

Ingo Hasselbach sieht aber, dass nicht alles, was in der Schule und bei den Jungpionieren gesagt wird, der Wahrheit entspricht, und er fühlt, dass dargelegte Überzeugungen manchmal nur Schablonen sind. Die Schüler referieren, was erwünscht ist. Obwohl er zu manchem, worüber er nachgedacht hat, eine andere Meinung vertritt oder gern die eine oder andere Frage stellen möchte, darf er das nicht. »Den Eltern wäre vorgeworfen worden, dass sie ihre Kinder nicht richtig erzogen hätten.« Er selbst lässt sich nichts zu Schulden kommen, weil seine Mutter ihn immer wieder warnt. Aber einer der Klassenkameraden erdreistet sich zu fragen, er habe gehört, im Westen sei es doch nicht so schlimm, wie immer behauptet würde. Mit der Arbeitslosigkeit und der Ausbeutung und so. Es gibt einen Riesenskandal. Die Schule stellt einen Ausschuss zusammen, der die Angelegenheit untersucht und die Eltern vorlädt. Man fragt sie, ob sie ihren Kindern etwa erlaubt hätten, westiche Fernsehsendungen anzusehen!

Ingo und seine Mitschüler erfahren in der Schule viel über den Faschismus, über außergewöhnliche und extreme Situationen, in die viele Widerstandskämpfer damals gerieten, doch über den Alltag dieser Zeit, über das Leben der »normalen« Menschen hören sie wenig. So geht es auch anderen Schülern. Die aufmüpfigen Jugendlichen spitzen die Ohren, wenn ihre Großeltern, die die Nazizeit miterlebt haben, davon erzählen, »wie es damals wirklich war«, und oft sind das Dinge, die in offiziellen Darstellungen nicht zu finden sind. Und an noch etwas erinnert sich Hasselbach: Der Großvater seines Klassenkameraden Heiko Baumert behauptete, »mit den Juden« habe es »immer schon Probleme gegeben«. Welche Probleme, darüber schweigt er sich aus. Aber Baumert wird später zur »Mannschaft« Hasselbachs gehören.

1980 ist Ingo Hasselbach dreizehn Jahre alt.

Er beginnt die Schule zu schwänzen, dann fängt er an zu »schnüffeln«, er atmet die Dämpfe von Farben und Lacken oder sogar von Benzin ein und ist manchmal so »zugedröhnt«, dass er nicht mehr weiß, was vorn und hinten ist. Er begeistert sich für die Punk-Band »Sex Pistols«, schreibt die Texte der Songs aus der an der Schule geheim zirkulierenden »Bravo« ab und schmiert den Namen der Band auf seine Schulhefte. Er trägt jetzt grüne Hosen wie die ersten Punks, die in der DDR auftauchten, sprüht das »Anarchie-Zeichen« darauf und kämmt sich die Haare hoch zur »Irokesenfrisur«. Später färbt er sich die Haare halb blond, halb schwarz. Sein Äußeres allein gilt schon als »Störung der öffentlichen Ordnung und Sicherheit«. So formuliert das die Volkspolizei.

Dann lernt er Hippies kennen. Es gab damals noch nicht viele in der DDR, umso mehr fielen sie auf. Sie liefen mit langen Haaren herum und machten mit allerhand Aktionen, die sich gegen ein verbreitetes Spießertum richteten, auf sich aufmerksam. Ingo ist von diesen Leuten fasziniert. Die meisten sind zehn Jahre älter als er und sehen sich in Opposition zur DDR-Gesellschaft. Sie verweigern sich den geforderten Ritualen, den öffentlichen Aufmärschen, den offiziellen Kultur- und Musikveranstaltungen. Sie »machen nicht mit«, haben ihre eigenen Werte und träumen von einem besseren Leben, von einer freieren Gesellschaft, in der auch Außenseiter ihren Platz haben können.

Ingo ist zu jung, um sich darüber Gedanken machen zu können. Er hängt sich einfach an. Mit seinem übergroßen Parka ist er das Nesthäkchen in der Gruppe. Alle finden es lustig, dass sie einen »Kleinen« dabeihaben. Die Hippies lassen ihn überallhin mitkommen und passen auf, dass er nicht zu viel Alkohol trinkt. Sein »Lieblingsfreund«, der sieben oder acht Jahre älter ist als er, sieht aus wie der Sänger Neill Young. Ingo hört sich stundenlang die melancholischen Lieder des US-Idols an.

Ingo trägt nun Ohrringe, legt in der Schule die Füße auf den Tisch und liest öffentlich Comics aus dem Westen. Die hat er von Diplomatenkindern bekommen, von denen viele in seiner Gegend wohnen und die ungehindert die Grenze nach West-Berlin überschreiten können. Sie bringen auch Zeitungen und Musikkassetten mit, die von einem zum anderen weitergereicht werden. »Keine Macht für niemand!«

macht die Runde, eine Parole, die genau zu Ingos Lebensgefühl passt. Keiner soll ihm sagen, was er tun muss, weder die Eltern noch die Lehrer noch sonst jemand. Seine Mutter erzählt später, sie habe in dieser Zeit schon ihren Einfluss auf ihn verloren. Er sei ganze Nächte weggeblieben, ohne dass sie wusste, wo er war und was er anstellte.

Bald wird Ingo an einer U-Bahn-Station aufgegriffen, als er und die anderen in angetrunkenem Zustand ein paar Mülleimer durch die Gegend poltern lassen. Die Polizei macht daraus den Vorwurf der »Sachbeschädigung«, der dazu führt, dass die Staatssicherheit sich für den Fall interessiert. Die legt eine Akte an, kurz nach dem dreizehnten Geburtstag Ingos. Ab jetzt ist er ein »potenzieller Störer des sozialistischen Zusammenlebens«.

Gemeinsam mit einem Freund, Henry Jahn, Spitzname »Skinny«, stiehlt Ingo häufig Schnaps und Bier in der Kaufhalle ihres Wohngebiets, oft mehrere Flaschen an einem Tag. Einmal trinken sie sofort eine davon aus und setzen sich in die S-Bahn Richtung Alexanderplatz. Mitten auf dem Alex legen sie sich auf eine Bank und schlafen ihren Rausch aus. Als sie aufwachen, sehen sie sich, so erinnert sich Hasselbach, »von Scharen von Volkspolizisten« umgeben, die sie »zur Klärung eines Sachverhalts« der nächsten Polizeiwache »zuführen«. Am Abend müssen die Eltern ihre Kinder von dort abholen.

Ingos Mutter ist hilflos, sie weiß nicht mehr, was sie tun soll. Der Stiefvater meint, jetzt müsse er handeln. Er versucht mit Lederkoppel und Kleiderbügel konformes Verhalten und die richtige Weltanschauung in seinen Stiefsohn hineinzuprügeln. Er versteht nicht, warum Ingo alle Privilegien, die er durch ihn haben könnte, einfach wegwirft, warum er mit Leuten verkehrt, die sich dem Staat verweigern. Aus welchen Gründen es zu dem Konflikt gekommen ist, darum macht sich niemand Gedanken.

Ingo erlebt, dass Probleme mit Gewalt gelöst werden, mit Zwang: Wer die Macht hat, seine Zwänge durchzusetzen – wie sein Stiefvater, die Volkspolizei, die Lehrer –, tut das und wird von der Gesellschaft noch darin bestärkt. Sein Freund Skinny erlebt das genauso, nur noch viel schlimmer. Er wird schon seit langem von seinem Vater für sein »Missverhalten« geschlagen. Auch Skinny hat einen Irokesen-Schnitt. Ihm passiert es, von der Polizei »abgegriffen« zu werden: Auf dem Revier werden ihm zwangsweise die Haare geschnitten.

Der Druck auf Ingo hat die gegenteilige Wirkung: »Ich wurde nur noch sturer«, erinnert er sich. »Ich habe meinem Vater irgendwann klar gemacht, dass er das mit dem Lederriemen nicht so oft machen sollte, schließlich war er nicht mein richtiger.« Dass sein »richtiger« Vater jemand war, den er als Kind für einen »Onkel« gehalten hatte, das wusste er von der Großmutter, die in frühen Tagen irgendwann davon erzählt hatte.

In der achten Klasse müsste Ingo in die Jugendorganisation »Freie Deutsche Jugend« eintreten. Doch daraus wird nichts. Die Jugendorganisation legt keinen Wert darauf, dass der »potenzielle Störer« ihr Mitglied wird. Auch Ingo hat dazu keine Lust. Weil er sich nicht bessert, wird er sogar – ein höchst seltener Akt in der DDR – von der Schule verwiesen. Die Lehrer sehen keine Chance mehr, ihn zu einem ordentlichen Mitglied der Gesellschaft zu erziehen.

Fortan lebt Ingo mit einer »Jetzt erst recht«-Haltung. Er klaut immer mehr, »wie ein Irrer«. Seine Clique macht den Berliner Stadtteil Lichtenberg unsicher. Man besorgt sich Sprühdosen und versieht die Häuserwände am Strausberger Platz mit Anarchiezeichen und – zum ersten Mal – mit Hakenkreuzen. Das provoziert noch mehr als Punk.

Zunächst reagieren Polizei und Staatssicherheit nicht. Deshalb glauben Ingo, Skinny und die anderen, immer dreister werden zu können. »Wir sprühten am helllichten Tag, direkt in unserem Wohngebiet. Siebzig Prozent dort waren bei der Stasi. Die hingen alle aus den Fenstern.« Zum krönenden Abschluss klettert er mit Skinny auf einen Schornstein und sprüht dort das Anarcho-»A«. Doch jetzt war das Maß voll. »Als wir runterguckten, stand da schon alles voller Volkspolizei. Wir sind gleich, ohne ein Wort zu sagen, in den Polizeiwagen gestiegen.«

Ingo und Skinny sind sich über den Ernst der Lage, in der sie sich jetzt befinden, nicht im Klaren. Auf der Wache amüsieren sie sich köstlich. Die Polizei trägt die Ermittlungsergebnisse aus ganz Berlin zusammen, eine Menge Fotos von Sprühaktionen, und legt diese den Verhafteten vor, auch Fotos mit Hakenkreuzen. »Wir haben noch Blödsinn gemacht«, erinnert sich Hasselbach, »und alles zugegeben. Die Ermittler sagten ›prima‹ und haben mir anschließend sogar die Sprühflasche zurückgegeben.« Die Beamten hätten »richtig provoziert, dass wir weitermachten«. Keine Bestrafung also.

Warum die Polizei sich so verhält, weiß er damals nicht. Wahrscheinlich, so könnte man annehmen, vermuteten die Beamten, es gebe Hintermänner, die die Jugendlichen angestiftet hätten, und wollten erst einmal weiter beobachten. Es kann jedoch auch sein, dass man nicht öffentlich machen und zunächst unter den Teppich kehren wollte, dass Kinder aus gutem sozialistischem Elternhaus Hakenkreuze gesprüht hatten.

Das Ermittlungsverfahren ist dennoch verhängnisvoll für Ingo und Skinny, aber nicht etwa wegen ihrer Hakenkreuzschmierereien. Einer aus ihrer Gang ist ebenfalls verhaftet worden und packt aus. Er gibt zu, dass alle aus der Truppe Alkohol gestohlen hatten, im Wert von mindestens 5000 Mark. Der Kaufhalle war ein entsprechend hohes Defizit schon aufgefallen. Jetzt ist man froh, dass die Täter gefasst sind. Skinny wird wieder festgenommen und muss ins Gefängnis. Ingo ist noch nicht volljährig und somit ein Fall für den »Jugendwerkhof«, eine Art Arbeitshaus für schwererziehbare und sozial auffällige Jugendliche.

Das ist für ihn eine Horrorvision. Es hieße, nicht mehr in Berlin sein zu dürfen – und außerdem nur noch Disziplin, Sauberkeit, Ordnung von morgens bis abends. Die Mutter bekommt einen Nervenzusammenbruch. In ihrer Verzweiflung, den Sohn ganz zu verlieren, setzt sie sich mit dem leiblichen Vater in Verbindung. Der ist Intendant des Senders »Stimme der DDR« und hatte bisher keinen Kontakt zu seinem Sohn; nicht, weil die Tatsache, uneheliche Kinder wie Ingo zu haben, verpönt gewesen wäre, sondern weil sein Verhältnis zur Mutter Begegnungen mit Ingo nicht zuließen.

Die Jugendhilfe, die sich des Falles angenommen hat, stellt fest, dass sich auch der Stiefvater zu wenig um Ingo gekümmert habe. Der gibt zu, dass er seinen Stiefsohn vernachlässigt habe, letztlich, weil er mit Ingos Mutter mittlerweile selbst zwei Kinder hat, einen Sohn, Jens, und eine Tochter, Ingos Halbgeschwister, die seit langem das Familienleben zu Hause dominieren.

»Ich bin zu Hause nur so ›nebenbei rumgerannt‹«, schildert Ingo das Verhältnis zu seinem Stiefvater. Nach der Geburt des Halbbruders habe es immer wieder Ärger gegeben, weil der ihm von seinem Stiefvater vorgezogen wurde. Als seine Halbschwester zur Welt kam, habe sich das noch verstärkt. Ingos »richtiger« jüngerer Bruder Jens war »völlig normal« und fiel nicht unangenehm auf – deshalb wurde der zumindest halbwegs integriert in die Familie.

Die Jugendhilfe hält die sporadischen »Erziehungsmaßnahmen« an Ingo, worunter der Stiefvater fast ausschließlich Prügel verstand, für »völlig überzogen«.

Nach langem Hin und Her bekommt Ingo Hasselbach ein Jahr Bewährungsstrafe für seine Diebstähle aufgebrummt. Dazu ein Aufenthaltsverbot für das Stadtviertel Lichtenberg, in dem die meisten der Straftaten begangen worden waren. Die Großmutter begleicht die hohe Strafe von 2700 Mark, die er für die vielen Diebstähle aufgebrummt bekommt. Ingo muss, das ist Bedingung, zu seinem leiblichen Vater ziehen, um dem Jugendwerkhof zu entkommen. Der »neue« Vater ist, ähnlich wie der »vorherige«, ein überzeugter Kommunist. Er hat in den Fünfzigerjahren in der Bundesrepublik, wo seine Partei, die KPD, verboten war, im Gefängnis gesessen und ist 1964 in die DDR ausgewiesen worden.

Ingo gerät vom Regen in die Traufe. »Es war die Hölle«, erinnert er sich. Er hat das Gefühl, er solle umerzogen werden. Der Vater versucht nachzuholen, was seiner Meinung nach in den letzten Jahren versäumt worden ist. Er besteht auf Zucht und Ordnung und ist überzeugt, dass er die richtigen Maßnahmen im Sinne seiner Überzeugung ergreift. Da eine höhere Schulbildung wegen der Vorgeschichte nicht in Frage kommt, setzt der Vater durch, dass Ingo eine Lehre als Maurer aufnimmt. Immerhin ist das eine richtige Ausbildung.

Ingo ist es seit seinem »freien« Leben mit den Hippies und Punks gewohnt, zu Hause zu erscheinen, wann er es für richtig hält. Damit ist jetzt Schluss. Jetzt gibt es festgesetzte Zeiten, zu denen er das Haus nicht mehr verlassen darf. Er braucht lange, bis er das akzeptiert.

Auch sein Freizeitverhalten muss sich ändern. Ingo hört gern den Sender RIAS aus dem Westteil Berlins. Als sein Vater einmal unvermittelt das Zimmer betritt und die Westklänge ihm lautstark entgegenschallen, »ist er fast umgefallen«. Er sagt, Ingo solle doch häufiger »Stimme der DDR« einschalten, da könne er auch ihm selbst oft zuhören. Dieser Vorschlag – Rockmusik gegen die Politikmonologe des Vaters – fällt auf keinen fruchtbaren Boden. Vater und Sohn haben sich nicht viel zu sagen, sie kennen sich gar nicht – und reden aneinander vorbei.

Ingo testet wieder die Grenzen aus, bis zu denen er gehen kann, und färbt sich die Haare, was ihn von den »Stinos« absetzt, den »Stinknormalen«, den Menschen, die täglich arbeiten, die »auf den Trabi« sparen, vielleicht auch für eine Datsche, ein Wochenendhäuschen im Grünen, die sich um weiter nichts kümmern als um sich selbst.

Ingo fühlt sich als »total linksradikal«. »Keine Macht

für niemand« ist noch immer seine Devise. Er vermeidet in dem Jahr bei seinem Vater aber die Kontakte zu seinen früheren Freunden. »Im Nachhinein«, gibt Hasselbach zu, »bin ich trotzdem ganz froh, dass mein Vater Druck ausgeübt hat, dadurch habe ich wenigstens die Lehre als Maurer beendet.«

Über die Nazizeit erzählt auch der Vater nichts anderes als das, was Ingo in der Schule gehört hat. »Also nichts Großartiges, was ich als bedeutungsvoll angesehen hätte«, was ihn über das Leben unter Hitler aufgeklärt hätte. Für den Vater besteht antifaschistische Erziehung darin, auf die Schrecken des Krieges hinzuweisen, auf die unvermeidliche Niederlage Hitler-Deutschlands, auf die Millionen von Toten. Das mag alles richtig und wahr sein, denkt Ingo, aber niemand redet zum Beispiel mit ihm darüber, woran es lag, dass die Mehrheit der Deutschen Hitler und die Nazis unterstützten.

Nach und nach fühlt Ingo sich zunehmend isoliert, auch durch die Tatsache, dass sein Vater ihm den Umgang mit der Mutter verbietet. Er behauptet, sie hätte »Erziehungsfehler« begangen. »Ich würde eher sagen, dass es Eifersucht war. Er wollte mich – trotz allem – für sich allein haben.« Doch Ingo setzt sich durch und besucht trotz des Verbots hin und wieder die Mutter. Das passt dem Vater nicht, aber er kann Ingo nicht ständig kontrollieren.

Nachdem das Jahr »Bewährung« vorüber ist, wirft er seinen Sohn wieder hinaus. Damit gesteht er auch ein, dass er mit der vorgeblich besseren Erziehung keinen Erfolg hatte. Ingo wohnt ab jetzt in der Wohnung seiner Schwester in Berlin-Schöneweide.

Gleich am ersten Tag zieht er los und stellt den Kontakt »zu den alten Truppenteilen« wieder her, vor allem zu Frank Lutz. Jetzt, nach seiner Lehre, macht Ingo ein Praktikum im Baugewerbe und hat genügend Geld, um am Wochenende »einen draufzumachen«. Die Arbeit macht Spaß, aber das reicht ihm nicht.

Im Dezember 1985 wird er wieder festgenommen. Er und seine Freunde sind in einer Diskothek, im »Riviera«, wo sich auch Punks treffen, und haben »einige Flaschen Klaren niedergemacht«. Um den Rausch auch richtig wirken zu lassen, schluckt Ingo noch zusätzlich das starke Schmerzmittel »Fortral«. Erst am nächsten Morgen wacht er in einer Zelle wieder auf und erfährt, dass er sich erneut des »Rowdytums« schuldig gemacht habe. Offenbar »zerlegten« die Betrunkenen die ganze Kneipe. Drei Tage wird er in einem düsteren Keller in Berlin-Köpenick festgehalten. Der Haftrichter rechnet ihm an, dass er eine Arbeitsstelle hat und im Kollektiv angesehen und beliebt ist. Deswegen sieht er von einer Freiheitsstrafe ab. Eine Geldstrafe von fast 2000 Mark wird fällig.

In dieser Zeit lernt Ingo jene Leute kennen, mit denen er später die militante rechte Szene in Berlin aufbauen wird. Die meisten von ihnen waren oder sind keine Punks und auch keine Hippies, sondern versuchen sich auf andere Weise von den »Stinknormalen« abzusetzen. André Riechert, der später zum harten Kern der Lichtenberger Neonazi-Szene gehören wird, läuft wie ein modebewusster »Popper« herum: Er hat »so eine Art Haarschwenker im Gesicht«. Auch dessen Vater ist, wie der von Ingos Schulfreund Frank Lutz, Major bei der Staatssicherheit und dort für »Rechtsextremismus« zuständig. Frank Lutz macht diverse Moden mit: zuerst ist er »Heavy«, wechselt dann aber schnell zu den »Glatzen«, die den Ruf haben, besonders »hart« zu sein.

Im September dieses Jahres lernt Ingo Hasselbach Sabine kennen, die er schon ein paar Monate später heiratet. Er will wissen, wie das ist, verheiratet zu sein, meint aber heute, er sei damals zu jung und »unreif« gewesen. Die Ehe ist auch deshalb interessant, weil es einen zinsgünstigen Kredit gibt und eine Wohnung dazu. Junge Ehen wurden in der DDR bevorzugt behandelt. Ingo macht »ein halbes Jahr gar nichts« mit seinen alten Freunden, bis der erste Reiz des Ehelebens vorbei ist.

Hasselbach erinnert sich nicht gern an Sabine, als wäre die Zeit mit ihr ein Fehler gewesen. Seine Heirat war für sein späteres Leben nicht wichtig. Er suchte offenbar einen ruhenden Pol, ein Stück Sicherheit, merkte aber schnell, dass ihm der häusliche Friede nicht reichte. Er zog lieber mit seinen Freunden »um die Häuser«. Sabine jedoch beschwert sich über die Leute, die er mit in die Wohnung bringt. Sie meint, das wäre der falsche Umgang für ihn. Diese Szene ist ihr suspekt. Es sind sogar Kriminelle dabei. Sie warnt Ingo besonders vor Henry »Skinny« Jahn. Der werde ihn irgendwann ins Gefängnis bringen. Damit wird sie Recht behalten.

Immer mehr seiner Freunde driften nach rechts ab, auch Frank Lutz. »Rechts« zu sein heißt zunächst nur, sich von den »schmutzigen« Punks abzusetzen, sich nichts gefallen zu lassen und sich »für die Sache«, was auch immer das ist, zu begeistern. Einige haben schon zu dieser Zeit Kontakte zur rechten Szene im Westen Berlins, vor allem aber zu den Hooligans.

Im Gegensatz zu den Jungs aus seiner Clique begeistert sich Hasselbach nicht für die NS-Zeit. Die jungen Männer schauen sich alle erreichbaren Kriegsfilme an, die in der DDR gesendet werden – obwohl dort immer die Russen gewinnen ... »Wir fanden vor allem gut«, sagt Hasselbach, »dass da viel rumgeballert wurde.« Und der Idealismus: »Dass die sich so verausgabten und genau wussten, wofür sie kämpften, und sich dafür voll einsetzten.«

Das einzige Symbol, das Hasselbach in dieser Zeit als Sympathisanten für die rechte Szene einordnet, ist ein Button des CSU-Politikers Franz Josef Strauß auf der Jacke, das er illegal – über Bekannte – aus dem Westen bekommen hat. Damit fallen er und seine Freunde auf, das erzeugt genau die Reaktion der Ordnungshüter, die sie erwarten und provozieren wollen. Hasselbach hört auch gern Musik, die »völlig neu« und in der DDR verpönt ist, die »Böhsen Onkelz« zum Beispiel.

Im März 1987 ist er mit Henry »Skinny« Jahn auf einem Fest im Stadtpark Lichtenberg – zu Ehren der sowjetischen Streitkräfte. Es wird mit Folklore und viel Alkohol gefeiert. Ingo Hasselbach kann nicht an sich halten, er ist auch schon reichlich angetrunken, und ruft laut in die Menge: »Die Mauer muss weg.« Sofort stürzen sich mehrere Volkspolizisten auf ihn. Hasselbach wehrt sich, wird aber überwältigt. Der Staatsanwalt hat bei der Verhandlung auch die früheren Akten vorliegen und meint, Hasselbach sei »eine Distel im sozialistischen Rosengarten«.

Das Urteil lautet: sechs Monate Haft ohne Bewährung.

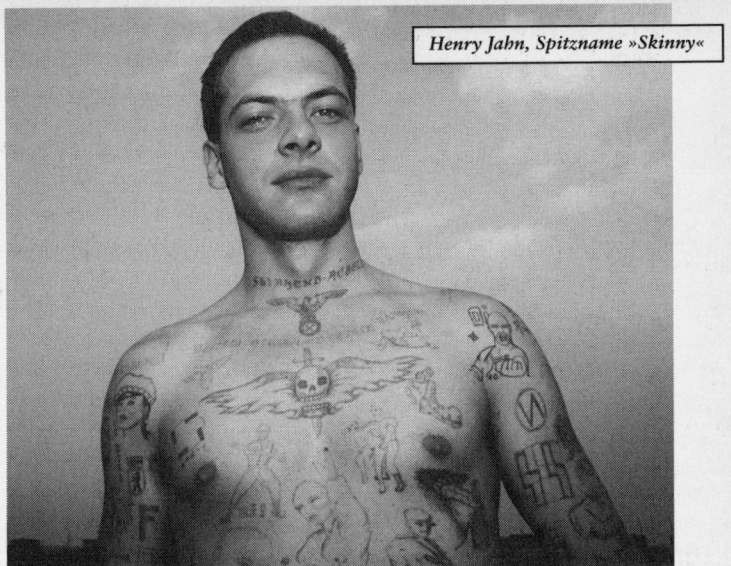

Henry Jahn, Spitzname »Skinny«

Zunächst sitzt er in der Berliner Keibelstraße in einer Zelle, er muss sie teilen mit einem Mörder, der seine Frau zerstückelt hat. Später dann, in Rummelsburg, hat er einen Sexualstraftäter zum als Zellengenosse. Anschließend kommt er in Einzelhaft mit nur zehn Minuten Freigang pro Tag. Hasselbach lernt während des Aufenthalts in den verschiedenen Gefängnissen nur eines: Dieses System, die DDR, muss mit allen Mitteln bekämpft werden. Von nun an wird er gegenüber allem, was nur irgendwie nach »links« aussieht – womit er den »real existierenden Sozialismus« meint einen starken Hass empfinden.

Und noch etwas erfährt er: Er darf und kann niemandem trauen und ist im Zweifelsfall auf sich allein gestellt. Die auf der anderen »Seite«, die Vertreter des Staates und der Justiz sind skrupellos und nutzen ihre Macht aus. Also wird er ebenso handeln müssen. Er fühlt sich als Wolf unter Wölfen. Jeder ist gegen jeden, er und seine Freunde müssen gegen die gemeinsamen Feinde zusammenhalten und das auch zeigen.

Er schließt sich mit anderen Gefangenen zusammen, die ähnliche Erfahrungen gemacht haben. Jetzt tätowieren sie sich gegenseitig mit Hakenkreuzen und anderen Symbolen der rechten und der Skinhead-Szene, obwohl das strikt verboten ist.

Und noch etwas nimmt er aus dem Knast mit: Er hat unbeschreibliche Angst, noch einmal hinter Gitter zu müssen. Er schwört sich, in Zukunft bei allem, was er tut, extrem aufzupassen.

Am Ende seiner Haftzeit landet Hasselbach im Rüdersdorfer Zementwerk und füllt Zementsäcke ab, eine stark gesundheitsschädigende Arbeit, die besonders gern den »Politischen« zugewiesen wird. Dort trifft er einen alten Bekannten, einen Freund aus der Hippie-Szene, wieder, der wegen Devisenvergehens – er hat mit Westgeld gehandelt – sitzt und ihm sagt: »Ich habe schon immer prophezeit, dass du im Knast landest.«

Am 19. Oktober 1987 wird Ingo Hasselbach aus dem Strafvollzug entlassen. Seine Frau hat einen neuen Freund, er wohnt deshalb wieder bei seiner Mutter.

Am 17. Oktober 1987 überfallen 80 Hooligans und rechte Skinheads die Besucher eines Konzertes in der Zionskirche im Berliner Bezirk Prenzlauer Berg. Die Besucher der Veranstaltung sind vor allem Punks und andere Jugendliche, die sich als links und oppositionell gegen die DDR verstehen. Die Skinheads und Hooligans stürmen bis in die Kirche und prügeln auf die Teilnehmer ein. Es gibt Schwerverletzte. Überall vor dem Gebäude liegen blutende Menschen.

Ingo Hasselbach weiß, dass viele seiner Freunde unter den Tätern sind. Einige von ihnen werden gefasst und vor Gericht gestellt. Hasselbach verfolgt die Prozesse in den nächsten Monaten mit Spannung. In der ersten Verhandlung werden vier der Angeklagten zu nur geringen Strafen verurteilt. Das fordert Proteste der Öffentlichkeit heraus. Zum ersten Mal berichten die Zeitungen über die Vorgänge kritisch, Leser beschweren sich über die »Rowdys, die organisiert und brutal gegen Menschen vorgehen und faschistisch-terroristische Parolen brüllen«. Die dem Gericht übergeordnete Staatsanwaltschaft legt Berufung gegen das milde Urteil ein.

In den nächsten Monaten werden landesweit alle, die nach »Glatze« aussehen oder eine auffällige Bomberjacke tragen, »zugeführt«, eingehend befragt und belehrt, dass sie sich in Zukunft doch besser »normgerecht« und »in Einklang mit den gesellschaftlichen Gesetzen der DDR« zu verhalten hätten. Jugendklubs verweigern Skinheads den Eintritt, aber auch anderen Jugendlichen, die nicht der Norm entsprechen, zum Beispiel den Grufties. In Ostberlin werden viele Skinheads vorzeitig zur Armee einberufen, wohl in der Hoffnung, dort würden sie eines Besseren belehrt.

Der Druck auf die »Szene« insgesamt ist so stark, dass die »Glatzen« sich wieder die Haare wachsen lassen, um nicht mehr aufzufallen. An ihrer Einstellung ändert das nichts. Ingo Hasselbach zählte sich nie zu den Skinheads. »Ich sah ziemlich blöd aus ohne Haare«, sagt er. Aber auch er gerät immer mehr unter den Einfluss der rechten Subkultur. Da größere Ansammlungen von Leuten, die von ihrem Äußeren her als »Rechte« zu identifizieren wären, schnell ins Visier der Staatssicherheit geraten, treffen sich die Mitglieder der Gruppen privat und konspirativ.

So auch Hasselbach. Anfang 1988 sammelt er ein halbes Dutzend alter Freunde um sich, darunter Heiko Baumert und auch Frank Lutz. In dessen Wohnung treffen sie sich und diskutieren, was man »gegen den Staat« machen könnte.

Hasselbach, obwohl einzelnen Vertretern der rechten Szene nahe, empfindet sich in dieser Zeit noch nicht als überzeugter Neonazi. Er weiß ohnehin nicht so ganz genau, was das sein könnte. Einer seiner Freunde, er trägt den Spitznahmen »Göring«, bei dem er zeitweilig wohnt, fühlt sich als solcher. Dessen Vorbild ist sein Großvater, der in der SS war und von der Zeit des Nationalsozialismus ausnehmend Positives erzählt. Hasselbach weiß nur, dass er und seine Freunde »national gesinnt« und überzeugte Gegner des »Systems« der DDR sind. Über eine Alternative zu diesem »System« brauchen sie sich keine großen Gedanken zu machen. Die war ihnen von der Propaganda der SED selbst geliefert worden: der »Westen«. Der sollte angeblich genau das Gegenteil von der DDR sein. Also sind die Rechten, zu diesem Zeitpunkt, im Jahre 1988, für die Wiedervereinigung. Sie stellen sich das aber so vor, dass die florierende Wirtschaft des Westens auch im Ostteil Deutschlands eingeführt wird und die neue Bundesrepublik die grundlegenden sozialen Standards des Sozialismus übernehmen könnte. Sie möchten von beiden Seiten das, was sie für das Gute halten.

In ihrer Vorstellung halten sich die Mitglieder der rechten Szene des Ostens für eine Avantgarde, die Deutschen insgesamt für besser als den Rest der Welt. Hasselbach hört von einer Gruppe jugendlicher Rechter, nicht älter als fünfzehn oder sechzehn, die jüdische Friedhöfe im Berliner Bezirk Mitte schänden, Grabsteine umstürzen und mit neonazistischen Parolen beschmieren. Mit solchen antisemitischen »Übungen« hat er noch nichts gemein. Er versteht auch die rechte Gewalt gegen Punks nicht, er wundert sich, dass viele seiner Kameraden diese so hassen. Hasselbach vermutet, dass viele seiner Freunde lediglich zeigen wollen, dass sie »knallharte« Typen sind, die jetzt mit den »Gegnern« aufräumen. Einer seiner engsten Freunde hat in seinem Zimmer eine große Zeichnung an der Wand: Ein Skinhead tritt mit wutverzerrtem Gesicht einen Punk zusammen. Hasselbach hält das für »Quatsch«, weil weltanschauliche Unterschiede von Skins und Punks bis dahin kaum eine große Rolle spielten, ja, die beiden Fraktionen hörten sogar die gleiche Musik und hatten einmal »zusammen an einem Tisch gesessen«.

Heiko Baumert, einer aus Hasselbachs Gruppe, beschäftigt sich intensiv mit der Zeit des Nationalsozialismus. Er geht in Bibliotheken und leiht sich alle Bücher über den Zweiten Weltkrieg aus, deren er habhaft werden kann. Er befragt seine Großeltern, die, das erzählt Ingo Hasselbach, unter Hitler »hohe Posten« innegehabt hätten. Baumert begeistert sich für den SA-Führer Horst Wessel, der aus Berlin stammte. Wessel wurde 1939 bei einem Streit im Zuhältermilieu erschossen und von den Nationalsozialisten zu einem »Blutzeugen der Bewegung« hochgejubelt.

Baumert versteht sich erst als Skinhead, dann jedoch immer deutlicher als »nationaler Sozialist«. Und in der Gruppe findet er Bestätigung. Hasselbach und Frank Lutz wollen sich genauso schulen wie er. Nicht mehr »auffallen um jeden Preis« ist jetzt die Devise, sondern die Frage: Wie können wir Einfluss gewinnen? Die Gruppe um Hasselbach gibt sich bald einen Namen: »Bewegung 30. Januar« – benannt nach dem Datum der Machtergreifung des Hitler-Regimes. Nach außen wollen sie jedoch nicht so deutlich erkennbar auftreten, sondern als »Lichtenberger Front«. Dieser Name suggeriert, dass es sich nur um irgendeine und »irgendwie rechte« Gruppe handelt, nicht aber um Leute, die gezielt und systematisch Schulungen in der Weltanschauung des Nationalsozialismus abhielten, die sich verbotene Bücher aus der Nazizeit besorgten, neonazistische Videos aus dem Westen einschmuggeln ließen und ernsthaft darüber nachdachten, wie man politisch arbeiten könnte. Halb im Ernst und halb aus »Spaß« lässt sich Frank Lutz schon in dieser Zeit als »Führer des deutschen Reiches« und »Oberbefehlshaber der Wehrmacht« titulieren. Das verschafft ihm Anerkennung.

Ab jetzt werden »Kameradschaftsabende« abgehalten. Die sieben Mitglieder der Gruppe glauben, womit sie nicht allein stehen, dass die Politik der SED verlogen war; nehmen jetzt auch an, dass das, was ihnen über Hitler und den Nationalsozialismus erzählt worden ist, ebenfalls nicht wahr ist. Sie schaffen sich ihre eigene Wahrheit.

Viele der Mitglieder rechter Gruppen, die zu dieser Zeit überall in der DDR Ende der Achtzigerjahren wie Pilze aus dem Boden sprossen, zählten in ihrer Vergangenheit zu den Skinheads. Aber nicht alle: Einige waren vorher unauffällige »Stinos«, Lehrlinge, junge Arbeiter. Und dann, nach wie vor und besonders präsent in der Hauptstadt der DDR: die Kinder aus »guten« Elternhäusern, der »Intelligenz«, wie es hieß. Sie mussten, wenn sie eine Vergangenheit als »Rowdy« oder Oppositionelle hatten, Berufe ergreifen, die weniger Prestige haben als die ihrer Eltern, sie steigen – so sehen sie das – sozial ab. Meistens sind sie als Facharbeiter angestellt.

Das gilt auch für Ingo Hasselbach. Er hat sich nicht damit abgefunden, nur als Maurer zu arbeiten, was er gelernt hat. Er kann sich vorstellen, etwas anderes und »Besseres« zu werden, sogar Journalist, wie seine Eltern. Nur ist ihm diese Perspektive verbaut. Seine Vergangenheit als »potenzieller Störer des sozialistischen Zusammenlebens« und der Gefängnisaufenthalt sind ein unüberbrückbares Hindernis für eine solche Karriere. Als ehemaliger Strafgefangener muss er sich sogar regelmäßig bei der Polizei melden. Er kann nur darauf hoffen, dass sich die Gesellschaft in seinem Sinne ändert, Leute wie ihn und seine Meinung hofiert. Dann würde sich auch seine persönliche Situation verbessern.

Ingo Hasselbach schließt sich immer enger an seine »Kameraden« an. Er braucht diese Gruppe, die ihn in seiner Meinung bestätigt und ihm einen Halt gegenüber der »feindlichen Umwelt« bietet. Eigentlich unterscheiden sie sich gar nicht so sehr von dem, was die von ihnen so verachteten »Stinos« wollen. Sie sind für »Ordnung und Sauberkeit«. Man müsse seiner Arbeit nachgehen, immer fleißig sein und vor allem nicht so »schmutzig« wie Punks und »die Ausländer«. Gerade auf ausländische Studenten, die im Besitz eines Reisepasses sind – oder auf Berliner aus dem Westteil der Stadt, die nachts in der Hauptstadt der DDR die Diskotheken bevölkern –, sind sie neidisch. Sie, die Bürger der DDR, werden an der Tür abgewiesen, weil sie den falschen Haarschnitt oder eine andere Einstellung zur Schau tragen.

Sie haben zwar kein Westgeld und ins westliche Ausland dürfen sie nicht reisen, aber dafür sind sie Deutsche – und stolz darauf. Und: Wer nicht von allein begreifen will, wie ein »Deutscher« sein muss, »dem muss man es eben mit Gewalt beibringen«. Die Rechten meinen, mit dieser Einstellung stünden sie nicht allein.

Sie wollen jedoch nicht nur durch gewalttätige Aktionen auffallen, sondern andere Leute auch mit »Argumenten« überzeugen. Sie spüren, dass ein Teil der Bevölkerung der DDR in einem gewissen Grad mit ihren Ideen übereinstimmt, bei diesen wollen sie ansetzen, hoffen sie auf entsprechende Reaktionen.

Die »Bewegung 30. Januar« hält nur zwei Monate. Ingo Hasselbach und seine »Kameraden« waren zu unvorsichtig. Sie haben während ihrer Diskussionen die Fenster der Wohnung, in der sie tagten, geöffnet. Irgendjemand aus dem Haus hat sie bei der Staatssicherheit gemeldet, die daraufhin alles verwanzte, um Beweismaterial zu haben. Sogar das Telefon der Mutter Hasselbachs wird überwacht.

Bei der erstbesten Gelegenheit schlagen die »Sicherheitskräfte« zu. Heiko Baumert und Frank Lutz haben eine Randale in einer Diskothek angezettelt. Dabei sind »Blumen aus einer Vase gezogen« worden, wie die Kriminalpolizei minutiös ermittelt, Leute verprügelt, ja sogar Widerstand gegen die Staatsgewalt geleistet worden. Ein Volkspolizist wird zweier Knöpfe beraubt, und die Täter hätten gerufen: »Hoch leben die Skins!« Das Ganze dient nur als Vorwand, die »Lichtenberger Front« auszuhebeln, unter dem Deckmantel des »Rowdytums«. Die wahren Gründe sollen nicht an die Öffentlichkeit dringen.

Den engsten Freunden Ingo Hasselbachs wird der Prozess gemacht. Frank Lutz und Heiko Baumert müssen sich vor Gericht wegen des »Verbrechens der gemeinschaftlichen Beeinträchtigung gesellschaftlicher Tätigkeit«, des »Verbrechens des gemeinschaftlichen Widerstands in schwerem Fall« und des »Verbrechens des Rowdytums« verantworten. Hasselbach sitzt in einer der hinteren Reihen im Gerichtssaal und hört sich alles an. Er selbst hat Glück, ihm kann nicht nachgewiesen werden, dass er der konspirativen Gruppe angehört, obwohl ihm Frank Lutz eine Postkarte geschrieben hat mit der Adresse »Ingo Hasselbach, Reichshauptstadt Berlin«. Die Stasi hatte die Karte abgefangen, und dem Absender wurde lediglich der Vorwurf der »öffentlichen Herabwürdigung« gemacht.

Nach der Verhandlung hat Frank Lutz einen Brief an seine Mutter geschrieben, in dem er versucht, sich zu rechtfertigen, seine Haltung aus den Fehlern seiner Umgebung herzuleiten. Darin heißt es: »Alle haben mich verkannt, sie haben mich so gemacht, wie ich bin.« Keiner habe je verstanden, was er wirklich wollte. Mit »sie« sind sowohl seine Eltern als auch die Gesellschaft gemeint, die ihm immer nur als feindlich gesinnt begegnet ist. Er habe nur Verachtung für die Heuchelei übrig, für alle die, »die nur aus Raffgier und Habsucht« bestünden. Er und seine Freunde seien letztlich aus Hass zu dem geworden, als was man sie von Anfang an beschimpft habe, zu Neonazis.

Er habe versucht, sich von dieser Gruppe zu lösen. Aber nur dort habe er Anerkennung und Freundschaft gefunden. Kameradschaft und Hilfsbereitschaft seien das oberste Gebot gewesen. Jetzt gebe es keinen Weg zurück. »Mich will keiner, also will ich auch keinen mehr.« Seine Freunde hätten ihm gesagt, dass sie ihn brauchten. »Das hat noch niemand zu mir gesagt«, schreibt Frank Lutz – ein vernichtendes Urteil nicht nur über seine Eltern –, »also blieb ich.« Doch auch dieser Brief der Rechtfertigung, des Versuchs, die Schuld für seine Entwicklung allein anderen zuzuschieben, hilft nicht. Frank Lutz muss für drei Jahre und sechs Monate ins Gefängnis. Er wird erst nach der Wende wieder freikommen.

Auch Ingo Hasselbachs persönliche Situation spitzt sich zu, nachdem viele seiner Freunde im Gefängnis landen. Einige von ihnen werden geradezu »im Rollstuhl aus den Vernehmungszellen« gefahren, andere verlassen den Knast als gebrochene Menschen. Aus dem »Spaß« ist Ernst geworden. Hasselbachs Ehe ist endgültig gescheitert, auch weil seine Frau es nicht mehr aushält, ständig seinetwegen von der Staatssicherheit unter Druck gesetzt und bespitzelt zu werden. Hasselbachs leiblicher Vater will mit seinem missratenen Sohn nichts mehr zu tun haben und sagt sich formell von ihm los.

Hasselbach erinnert sich, dass auch diese Enttäuschungen aus dem privaten Umfeld Gründe dafür lieferten, in der DDR keine Perspektive mehr zu sehen. Er hasst diese verlogene Gesellschaft, er hat genug davon, sich regelmäßig bei der Volkspolizei melden zu müssen. Weil er nach seiner Scheidung keinen festen Aufenthaltsort nachweisen kann und bei der Hausdurchsuchung bei einem seiner Kumpane ein Foto gefunden wird, auf dem Hasselbach mit ausgestrecktem Arm – zum Hitlergruß – zu sehen ist, erhält er wieder eine Strafe, aber auf Bewährung.

Jetzt will er nur noch eins: in den Westen, ein neues Leben anfangen. In den letzten Septembertagen des Jahres 1989 will er nach Prag reisen und versuchen, von dort aus über die schon offene Grenze in Ungarn zu fliehen. Als die 5000 Botschaftsflüchtlinge aus Prag per Sonderzug gerade endlich in den Westen reisen dürfen, wird Hasselbach in Bad Schandau an der Grenze wieder verhaftet – wegen versuchter Republikflucht.

Doch dieses Mal hat er Glück im Unglück: Nur wenig später wird er entlassen. Er kommt in den Genuss einer Amnestie. Jetzt hält ihn nichts mehr. Mit der Brille und dem Ausweis seines jüngeren Bruders Jens reist er nach Prag und überquert die tschechische grüne Grenze zur Bundesrepublik. Über Bayern wird er nach Braunschweig in ein Aufnahmelager geschickt. Im Fernsehen sieht er, wie die Mauer sich öffnet. Nur wenige Stunden später werden die ersten Trabis auf dem Kurfürstendamm gesichtet.

Als Ingo Hasselbach wieder in Berlin eintrifft, liegt die DDR in ihren letzten Zuckungen. Hasselbach ist in Hochstimmung, doch schnell fühlt er sich ernüchtert und hilflos.

Jetzt war er so lange im Knast, hat so lange das »System« provoziert und so viel dafür in Kauf genommen – aber was hat es genützt? Er erlebt, dass nunmehr alle nur den Segnungen des Konsums hinterherlaufen. Niemand denkt daran, die wenigen positiven Dinge des Sozialismus der DDR, etwa im sozialen Bereich, mit den Segnungen der Bundesrepublik zu vereinen, »irgendetwas Neues« aus dem Zusammenbruch der DDR zu machen. Dass es auch im Westen kritische Menschen gibt, davon kann er nichts bemerken. Er fühlt sich zu denen hingezogen, die vorgeblich radikal gegen alles sind, gegen den »Materialismus«, die »Dekadenz«, gegen alles, was sie als verlogen ansehen. Irgendwo muss es doch einen verschworenen Haufen von Leuten geben, die daran arbeiten, dass sich etwas ändert! Die Linken können es nicht sein. Die meint er genügend zu kennen. Als links gilt die SED oder auch deren Nachfolgepartei, die PDS. Solche Leute sitzen ja in seinem Elternhaus.

Ende Januar bekommt Ingo Hasselbach Besuch aus Hamburg, von einem alten Freund, der wie er – aber schon einige Monate früher – aus Berlin geflüchtet und in einem Aufnahmelager in Hamburg-Bergedorf untergekommen ist. Dort wurde er von zwei Neonazis angesprochen, von Christian Worch aus Hamburg und dessen Stellvertreter Thomas Wulff, der sich »Steiner« nennen lässt. Die beiden Nazis haben Hasselbachs Freund als überzeugten Rechten identifiziert und bieten dem gleich eine Wohnung an, die sie für gleichgesinnte »Kameraden« schon länger angemietet hatten.

Von Worch hat Hasselbach schon gehört, auch, dass der zur westdeutschen militanten Neonazi-Szene gehört und als einer der Anführer gilt. Thomas Wulff lernt er kurz darauf selbst kennen, er kommt nach Berlin und trifft sich mit Hasselbach und dessen alter Gruppe. Man schmiedet eifrig Pläne, »wie die Szene eine richtig extreme Szene werden könnte«, erinnert sich Hasselbach. Der Neonazi aus dem Westen möchte, dass die Ostberliner eine Partei gründen, ähnlich wie dessen Minipartei »Nationale Liste« in Hamburg. Eine Satzung und ein Programm hat er gleich mitgebracht. Eine richtige Partei, so das Argument, hätte den Vorteil, dass man legale politische Propaganda betreiben und sich sogar zur Wahl stellen könnte. Das klingt gut in Hasselbachs Ohren. Außerdem verspricht Wulff den Berlinern, diese könnten bei einem Gegenbesuch in Hamburg den »bekannten Systemkritiker« und Neonazi Michael Kühnen kennen lernen.

Ein Jahr später werden Hasselbach, Lutz, Baumert und André Riechert sich darüber aufregen, dass sie sich ausgerechnet mit dem Kühnen-Flügel der westdeutschen Neonazis eingelassen haben. Was es mit denen auf sich hat, durchschauen sie jetzt nicht. Sie wissen nur, dass Kühnen einer der bekanntesten Neofaschisten in Deutschland ist, vor allem auch durch die ausführliche Berichterstattung der Medien in West und Ost über ihn.

In Hamburg treffen sich Hasselbach und Riechert in einer konspirativen Wohnung mit Christian Worch. Der ehemalige Notargehilfe Worch gibt den in Rechtsfragen unerfahrenen Ost-Berlinern detaillierte Ratschläge, wie deren Partei – sie soll »Nationale Alternative« heißen –, legal zu etablieren sei.

Alles nicht besonders aufregend, doch am Abend der

Heimreise kommt noch ein Anruf. Es ist Kühnen. Er möchte unbedingt die neuen »Kameraden« aus der noch existierenden DDR sehen. Er sei soeben aus Dänemark angereist. Riechert ist begeistert, so einen gefährlichen Mann kennen lernen zu können. Auch Ingo Hasselbach wartet gespannt auf den, der damals als *der* Drahtzieher der militanten neonazistischen Szene galt.

Michael Kühnen war schon seit Ende der siebziger Jahre Neonazi. Unzählige Verhaftungen, mehrere Gefängnisstrafen wegen Volksverhetzung, Aufstachelung zum Rassenhass und anderer Propagandadelikte machten ihn in den Medien bekannt. Die Jahre, die er im Gefängnis verbracht hatte, läuterten ihn nicht. Ganz im Gegenteil.

Zwar war Kühnen nie direkt nachzuweisen, dass er an Gewalttaten beteiligt war, aber seine Aufrufe brachten andere dazu, gewalttätig zu werden.

Kühnen predigt den Ost-Berlinern die »Revolution von rechts«, wie er sie sich vorstellt. Erst wenn die Gesellschaft völlig zerstört sei und die Herrschenden nicht mehr die Kraft hätten, das Volk zu unterdrücken, sei ihre Zeit gekommen, die Zeit der Nationalsozialisten.

Ingo Hasselbach hört den politischen Tiraden Kühnens nicht so recht zu, vieles erscheint ihm fremd. Er kann sich aber daran erinnern, dass der westdeutsche Neonazi ihn als Person beeindruckt habe. Kühnen habe sich auf seine Gesprächspartner sehr gut eingestellt, sei nicht rechthaberisch gewesen, sondern flexibel und gar nicht so verbissen, wie das bei den meisten selbst ernannten Anführern der rechten Szene der Fall sei. Kühnen, das bestätigen auch Leute, die nicht die geringsten Sympathien für Rassismus und Antisemitismus haben, machte den Eindruck, als meine er es ehrlich.

Die Sympathie schien gegenseitig zu sein. Hasselbach und Kühnen mögen sich und unterhalten sich stundenlang, selbst über private Dinge. Hasselbach schreibt später in seinem eigenen Buch über den Ausstieg: »Nie habe ich jemanden getroffen, der einsamer war als Kühnen.« Von Kühnens Art, Leuten seines Kalibers gegenüber nur Empfehlungen – statt barsche Anordnungen – auszugeben, guckt sich Hasselbach für die Zukunft eine Menge ab: Man darf nur solche Befehle erteilen, die die »Untergebenen« ohnehin ausführen würden. Dann gibt es keinen Ärger, wer das Sagen hat, und es läuft alles so, wie man es als Chef will.

Hasselbach fühlt sich im Gespräch mit dem Neonazi Kühnen an seine eigene Kindheit und an sein bisheriges Leben erinnert: Er hat bisher häufig genug erlebt, dass jemand ihm Vorschriften machte, ihn zwingen wollte, etwas zu denken oder zu tun: sein leiblicher Vater, der ihm die sozialistische Weltanschauung einbläuen wollte, die Lehrer, die bei der kleinsten Verfehlung zu drakonischen Zuchtmitteln griffen, die Staatssicherheit und die Polizei, die ihn und seine Gesinnungsgenossen drangsalierten, ja ins Gefängnis steckten. Ingo gefällt es, dass in der Szene, in der er sich jetzt bewegt, nicht das unbedingte Prinzip »Befehl und Gehorsam« herrscht. Jedenfalls glaubt er das. Kühnen erzählt in vielem nur die Hälfte der »Wahrheit« – auch verschweigt er zum Beispiel, dass er homosexuell ist.

Ganz ohne Autorität könne eine politische Bewegung natürlich nicht funktionieren, denkt Hasselbach. Da er sich selbst eine Führungsrolle im rechten Spektrum zuordnet, meint er, wenn der »Führer« nur in Ordnung sei, dürfte sich der Rest auch geben. Er geht zwar nicht so weit wie einige der jüngeren »Kameraden«, die von Erich Mielke, dem ehemaligen Stasi-Chef, schwärmen, der »leider« nur auf der falschen Seite gestanden habe. Aber Ordnung, Disziplin und Sauberkeit müssten schon sein. Eigentlich alles das, was auch die Eltern wollten, aber eben nicht durch Zwang verordnet, sondern freiwillig.

Kühnen erzählt André Riechert und Ingo Hasselbach viel über die militante Neonazi-Szene im Westen, und die beiden sind geschmeichelt, dass der ihnen offenbar vertraut. Sie fühlen sich schon richtig einbezogen, als Teil eines größeren Ganzen. Die anderen rechten Parteien wie zum Beispiel die »Republikaner« oder die Krawallmacher der »Deutschen Volksunion« sind für sie keine Verbündeten. Sie wollen wie Kühnen keine »demokratischen Spielereien«, sondern eine Diktatur und sind schnell begeistert von dessen Idee, die verbotene NSDAP des Dritten Reiches wieder aufzubauen, illegale Zellen zu gründen und konspirativ zu arbeiten.

Kühnen schlägt vor, zur Tarnung der politischen Arbeit eine legale Nazipartei in der DDR zu gründen. Eine derartige Organisation sei schon in Vorbereitung, die »Deutsche Alternative«, die in der DDR mit einem unverfänglichen Programm auftreten sollte. Er schlägt weiter vor, in Berlin die »Nationale Alternative« zu organisieren, wie Hasselbach es ohnehin vorhat, die sich auf Berlin und das Umland beschränken sollte. Jeder dürfe Mitglied werden, aber die überzeugten Nationalsozialisten – Kühnen meint Ingo Hasselbach und seine Freunde – sollten das Heft in der Hand behalten. Kühnen will, dass die neuen »Kameraden« sich die SA, die Schlägergruppe der alten NSDAP, zum Vorbild nehmen: Aufsehen erregen, auch durch Terror und Gewalt, um die politischen Gegner einzuschüchtern. Der Neonazi empfiehlt Hasselbach sogar ausdrücklich, Hitlers »Mein Kampf« zu lesen. Darin habe der gesagt: »Ganz gleich, ob die Presse »uns als Hanswurste oder Verbrecher hinstellt, die Hauptsache ist, dass sie uns erwähnen, dass sie sich mit uns beschäftigen.« Das merkt sich Hasselbach. Und genau so wird er später taktieren und sich verhalten.

Zum Schluss des stundenlangen Gesprächs schlägt Kühnen vor, Ingo Hasselbach sollte doch den Vorsitz der neu zu gründenden Berliner Partei übernehmen, denn er sei wegen seiner Biografie auch für die junge Generation ein Vorbild.

So geschieht es. Am 1. Februar gründen Hasselbach, Lutz, Baumert, Riechert und ein paar andere die »Natio-

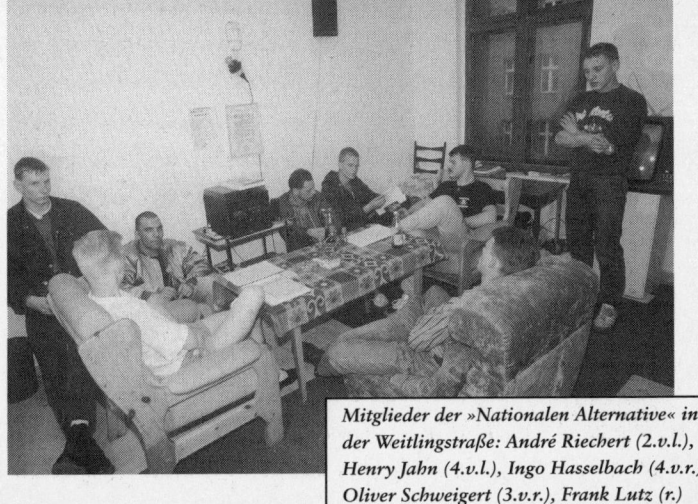

Mitglieder der »Nationalen Alternative« in der Weitlingstraße: André Riechert (2.v.l.), Henry Jahn (4.v.l.), Ingo Hasselbach (4.v.r.), Oliver Schweigert (3.v.r.), Frank Lutz (r.)

nale Alternative«. Die Gründungsveranstaltung findet in einem Wohnzimmer statt, ist recht unfeierlich und wird mit Alkohol begossen. Das Programm haben die Ost-Berliner Rechten wortwörtlich von der Hamburger »Nationalen Liste« übernommen. Die politischen Ziele sind kaum zu unterscheiden von denen der »Republikaner« oder anderer ultrarechter Parteien der Bundesrepublik: Die Hetze gegen Juden und gegen Einwanderer ist nur noch radikaler formuliert.

In der untergehenden DDR finden immer mehr Demonstrationen auf den Straßen statt. Die meisten Menschen sind für die Wiedervereinigung, andere aber auch dafür, dass die DDR reformiert wird, jedoch souverän bleibt. Diese Demonstranten, meistens aus winzigen linken Parteien, sind für Hasselbach und seine »Kameraden« ein rotes Tuch. Wenn die DDR erhalten bliebe, hätten sie keine Chance, ihre Ziele durchzusetzen, an Einfluss zu gewinnen. Am 5. März, auf der riesigen Montagsdemonstration in Leipzig, treten die Rechten aus Berlin gemeinsam auf, brüllen »Rotfront verrecke« und schlagen auf DDR-treue Demonstranten ein.

Hasselbach und die anderen Rechten aus Berlin lernen in den nächsten Wochen zahlreiche Neonazis aus dem Westen kennen, die alle versuchen, sie in ihrem Sinn zu beeinflussen. Nach dem Besuch einer Neonazi-Veranstaltung in Fulda – Hasselbach wurde von Kühnen dazu eingeladen – versucht auch der Hamburger Christian Worch, ein paar Ratschläge loszuwerden. Nichts wird konkret ausgesprochen, aber »durch die Blume« angedeutet. Hasselbach erinnert sich später noch genau daran, was ihm von Worch alles vorgeschlagen wurde. Er hat das sogar schriftlich niedergelegt. Es sollten jüdische Friedhöfe geschändet werden sowie gegen Polen, »Zigeuner«, Russen, überhaupt gegen alle »Ausländer«, die sich in Deutschland niederlassen würden, vorgegangen werden. Hasselbach schweigt zumeist in dieser Unterredung. Wenn ihm etwas gegen den Strich geht – so war er schon immer –, sagt er nichts, statt zu widersprechen. Er will keine Anschläge begehen oder auf unschuldige Menschen einschlagen. Dass seine »Kameraden« und die Neonazis aus dem Westen, die er in der letzten Zeit kennen gelernt hat, das tun, nimmt er jedoch billigend in Kauf. Er möchte sich bei den vorgeblich neuen »Freunden« nicht unbeliebt machen. Er hofft, dass die ihn bei dem unterstützen, was er vorhat. Deshalb stellt er sich gut mit jedem, der an ihm interessiert ist.

Hasselbach und die anderen Ost-Berliner fahren sogar zu einem Treffen, bei dem der englische Historiker David Irving auftritt, ein notorischer Leugner des Holocaust. Irving tönt, Hitler habe vom Massenmord an den Juden gar nichts gewusst und Vergasungen in Konzentrationslagern habe es nie gegeben. Hasselbach und sogar Frank Lutz verlassen die merkwürdige Veranstaltung nach zehn Minuten. Sie sind sich darin einig, Irving habe »nicht alle Tassen im Schrank«. Noch denken sie so, aber sie werden immer tiefer in den braunen Sumpf hineingeraten, sich immer mehr beeinflussen lassen, ohne zu bemerken, dass sie die Meinungen anderer übernehmen und immer mehr den Blick auf die Realität verlieren.

Am 20. April 1990 unterschreiben Ingo Hasselbach und Heiko Baumert einen Mietvertrag für ein ganzes Haus in der Weitlingstraße in Berlin-Lichtenberg. Zuvor hatten sie geplant, eines der vielen leer stehenden Gebäude für ihre »Bewegung« einfach zu besetzen, nach dem Vorbild der Berliner Hausbesetzer, die sich der linken Szene zurechnen. Doch das Objekt in der Türrschmidtstraße in der Nähe, das ihnen gefiel, war weniger geeignet, weil halb verfallen. Sie sind sehr erfreut, dass die Wohnungsbaugesellschaft, die die meisten Häuser in ihrem Kiez verwaltet, ihnen entgegenkommt und von sich aus vorschlägt, dass sie das Eckhaus in der Weitlingstraße mieten könnten. Kühnen hat Hasselbach bei einem Kurzbesuch in Berlin konkrete Ratschläge gegeben, wie man vorgehen müsse – vor allem konspirativ: Sie sollten als »fleißige, junge Leute« auftreten, ohne ihre Ambitionen zu verraten, aus dem Haus eine Organisationszentrale für die Neonazi-Szene in Ost und West machen zu wollen. Die Gruppe gibt sich als »Bürgerinitiative« aus und nennt sich »WOSAN«, »Wohnraumsanierung«, gemeint ist aber eine Anspielung auf den germanischen Gott »Wotan«. Das Datum des Mietvertrags ist genauso symbolträchtig, aber das merkt niemand bei der Wohnungsbaugesellschaft: Der 20. April ist der Geburtstag Adolf Hitlers.

Ingo Hasselbach hatte mit den linken Hausbesetzern, die in Berlin-Friedrichshain mehrere Straßenzüge besetzt haben, schon »Kontakt«: Er und seine rechten Kameraden haben im März ein Haus in der Kreuzigerstraße überfallen, einige der Bewohner verprügelt und erfolgreich versucht, so viel wie möglich von der Einrichtung kurz und klein zu schlagen. Die »Linken« sind ihre Gegner, warum, ist nicht

Christian Worch (l.), Gottfried Küssel (m.), Thomas Wulf, alias »Steiner« (r.)

allen klar – und niemand braucht das so genau zu wissen. Die »Linken« sind angeblich für die DDR, so kennt man das. Und deshalb müssen die eingeschüchtert und terrorisiert werden. Ab jetzt herrscht Krieg zwischen der Weitlingstraße und den anderen Hausbesetzern aus der näheren Umgebung, die allmählich merken, was in dem WOSAN-Haus wirklich vor sich geht.

Der Plan, über ein ganzes Haus zu verfügen und selbst bestimmen zu können, wer dort aus- und eingeht, hat sich offenbar schnell in der rechten Szene des Westens herumgesprochen. Noch bevor der Mietvertrag unterzeichnet ist, tauchen zahlreiche mehr oder weniger prominente Neonazis dort auf: der Österreicher Gottfried Küssel, der zu Kühnens Anhängern gehört und versucht, eine illegale NSDAP in Österreich aufzubauen, aber keinen großen Erfolg damit hat. Er, der selbst ernannte »Führer der Ostmark«, womit Österreich gemeint ist, hat einen zweiten Neonazi im Schlepptau, Günter Reinthaler, der »Gauleiter« aus Salzburg. Reinthaler ist sehr wohlhabend, besitzt in Österreich mehrere Mietshäuser und versucht offenbar, das bemerkt Hasselbach sofort, seinen verkrüppelten Arm durch herrisches Gehabe zu kompensieren.

Küssel versucht sich als Chef aufzuspielen, drischt Phrasen ohne Ende und macht sich gleich bei den meisten im Haus in der Weitlingstraße unbeliebt. Da die Berliner aber auf dessen Organisationstalent nicht verzichten wollen, ertragen sie Küssels Imponiergehabe und seine Versuche, für das tägliche Leben sogar einen detaillierten Dienstplan aufzustellen. Einer aus dem Haus pappt in der Nacht ein Schild mit der Aufschrift »Ausländer raus« an Küssels Wohnungstür, was dem humorlosen Österreicher gar nicht gefällt.

Die Polizei hat das braune Treiben schon im Visier. Offenbar ist den Sicherheitskräften auch aufgefallen, dass ein bekannter Neonazi-Terrorist, Eckehard Weil, das Haus mehrfach betreten hat. Weil, ein unauffälliger Mann um die vierzig mit gepflegtem Bart, hat mehr als zehn Jahre in diversen Gefängnissen gesessen und ist im tiefbraunen Milieu des Westens schon seit Jahren bekannt. Er wurde unter anderem wegen mehrerer Bombenanschläge auf jüdische Kaufhäuser und auf das Haus des international bekannten Nazi-Jägers Simon Wiesenthal verurteilt. Dazu hat Weil mehrere Vorstrafen, unter anderem wegen Brandstiftung und Körperverletzung – weil er im Westen Berlins mit einer Pistole auf einen russischen Soldaten geschossen hatte. Weil wurde von einem britischen Militärgericht dafür zu sechs Jahren Haft verurteilt. Der Soldat überlebte nur knapp. Der Neonazi-Terrorist leidet unter einer Art Verfolgungswahn und misstraut allem und jedem. Aber er macht

Eindruck mit seinem umfangreichen Wissen über Sprengstoff jeder Art. Die Berliner wissen jedoch nicht, dass Weil schon seit langem von der Polizei gesucht wird. Es liegen mehrere Haftbefehle gegen ihn vor.

Als am Abend des 20. April Hooligans eine Randale auf dem Alexanderplatz beginnen und viele von ihnen die Polizei mit rassistischen Parolen und dem Hitler-Gruß provozieren, meinen die Einsatzleiter der Polizei, diese Vorfälle würden wahrscheinlich in dem Haus in der Weitlingstraße organisiert. Dort verkehrten Leute, die zu so etwas in der Lage wären. Das ist richtig und falsch zugleich: Die Randale wurde nicht von dort aus organisiert, aber mehrere der Bewohner waren bei der Demo auf dem Alex anwesend.

Eine Woche später stürmt ein schwer bewaffnetes Einsatzkommando mit schusssicheren Westen in die Wohnungen des Hauses und nimmt die Anwesenden fest, darunter Ingo Hasselbach, Frank Lutz und André Riechert. Der Polizei fällt »ein beachtliches Waffenarsenal« in die Hände, wie es später in einer Presseerklärung heißt, neben diversen Schlaginstrumenten sind das Luftdruckpistolen und Reizgaswaffen. Das Wichtigste haben die Beamten aber übersehen: Im Keller des Hauses lagern, unter Steinen verborgen, zwei Panzerfäuste mit jeweils zwei Schuss Munition. Und, was auch niemand bemerkt: Drei funktionstüchtige Wehrmachtspistolen und eine Maschinenpistole der Marke Kalaschnikow liegen im Kofferraum eines Wagens, der direkt vor dem Haus parkt. Eckehard Weil, an dem die Polizei besonders interessiert ist, hat das Haus vor der Durchsuchung rechtzeitig verlassen, als hätte er die bevorstehende Aktion geahnt.

Ingo Hasselbach und Frank Lutz verabreden sich in der Untersuchungshaft, alles auszusagen, was sie wissen. Beide sind noch nicht lange wieder in Freiheit und haben das DDR-Gefängnis in denkbar schlechter Erinnerung. Sie wissen nicht, wie lange die DDR und ihre Gesetze noch bestehen werden und ob ihr bisheriges Strafregister in einem Prozess mit zu Buche schlagen würde. Die vernehmenden »Noch DDR«-Beamten wissen, dass sie mit dieser offenen Frage Druck ausüben können. Wegen des vorgefundenen neofaschistischen Propagandamaterials könnte der Paragraf »Öffentliche Herabwürdigung in einem schweren Fall« zutreffen, vergleichbar mit dem bundesdeutschen der »Volksverhetzung«. Das könnte den Festgenommenen vier oder fünf Jahre Gefängnis einbringen. Die Beamten der Berliner Kriminalpolizei lassen diskret durchblicken, dass ihnen auch noch andere Paragraphen einfallen könnten, wie »staatsfeindliche Hetze« oder der Vorwurf, »revanchistisches Material« der Öffentlichkeit zugänglich gemacht zu haben. Unter sechs Jahren Knast wäre da nichts zu machen.

Das wirkt. Ingo Hasselbach plaudert – und geht noch weiter. Er überrascht die vernehmenden Kripobeamten mit der Mitteilung, dass er aus der Szene aussteigen wolle. Er schreibt an den Generalstaatsanwalt, dass er sich mit seinen Aussagen »in eine sehr große Gefahr begebe«. »So einfach kommt man nicht aus der Szene.« Er habe bis jetzt »rigoros alles ausgesagt« und sich damit schwer belastet.

Natürlich will er sich zu diesem Zeitpunkt nicht von den Nazis distanzieren. Er hat nur Angst, wieder für Jahre im Knast zu verschwinden, und lügt der Polizei vor, dass er genug von seinen »Kameraden« habe. Alle Aussagen Hasselbachs bei den vernehmenden Beamten und sein Brief an die Staatsanwaltschaft geraten über dunkle Kanäle an die Öffentlichkeit. André Riechert hat geschwiegen, und nach der Entlassung von Hasselbach und Lutz machen viele ihnen die in den Verhören gemachten Aussagen zum Vorwurf. Küssel schreibt sogar einen Rundbrief an dreißig Nazi-Anführer in ganz Deutschland, in dem er Hasselbach und Lutz des Verrats beschuldigt. Folgen hat dieses Schreiben nicht. Nur Christian Worch aus Hamburg hakt nach. Er schreibt an Hasselbach, in dem der den Satz liest: »Verräter verfallen der Feme.« Das ist eine Drohung, die er aber zugleich wieder etwas zurücknimmt, weil er anfügt, niemand beabsichtige, gegen Verräter etwas zu unternehmen. Sein Vertrauen in Hasselbach jedoch sei geringer geworden.

Um das Haus in der Weitlingstraße wird es nicht ruhiger, im Gegenteil. Pressevertreter geben sich die Klinke in die Hand. Sie reißen sich um Ingo Hasselbach, weil der der »Hausführer« ist und eine interessante Biografie vorzuweisen hat. Doch der Pressesprecher der »Nationalen Alternative« ist André Riechert. Der sieht mit seinem Façon-Haarschnitt seriös aus und ist sehr geschmeichelt, als Reporter und Fernsehsender aus dem Ausland, sogar aus den USA und Japan, ihn umschwärmen und permanent versuchen, ihm politische Aussagen zu entlocken. Frank Lutz hält sich im Hintergrund. Er hat keine Lust, im Rampenlicht zu stehen, will auch keine Fotos von sich in den Medien. Er zieht lieber die Fäden im Hintergrund. Gleichzeitig ist er aber extrem neidisch auf Hasselbach, weil immer nur der als Gesprächspartner verlangt wird. Er äußert sich kaum dazu, aber Hasselbach bemerkt die Verstimmung.

Mehrere Male in der Woche ziehen die Hausbewohner los, um Leute, die sie für Ausländer halten, anzupöbeln und sogar zusammenzuschlagen, vor allem rund um den Bahnhof Lichtenberg, der nur wenige hundert Meter entfernt liegt. Einige, wie Henry »Skinny« Jahn, berauben vietnamesische Zigarettenhändler ihrer Ware und verprügeln sie anschließend. Aus Angst vor weiteren Gewalttaten rücken viele der Vietnamesen ihre billigen Zigaretten freiwillig heraus, wenn die Schlägertrupps erscheinen.

Die Nazis überfallen ein Asylbewerberheim ganz in der Nähe, werfen Steine und Brandflaschen auf die verängstigten Menschen und fühlen sich im Recht, weil die Passanten tatenlos zusehen und sogar die örtliche Polizei seelenruhig die Szenerie beobachtet, ohne einzugreifen. Der Anschlag ist minutiös geplant, und mehr als 150 Rechte nehmen daran teil. Die »Aktionen« sprechen sich in ganz Berlin herum. Viele Jugendliche kommen aus Neugier, um sich das Treiben anzusehen, und werden von den Anführern, so schnell es geht, in die Gruppe integriert: Zunächst bekommen sie irgendetwas weitgehend Unpolitisches zu tun: die Treppen fegen, durch die Straßenzüge »Patrouille laufen«, Plakate kleben.

Hasselbach genießt die Spannung, er gibt sich selbst noch den »Kick«, um sich zu beweisen, was er alles kann. Er kleidet sich wie ein »Linker«, setzt ein Käppi auf, um seinen verräterischen Kurzhaarschnitt zu verbergen, vertauscht die Springerstiefel mit Turnschuhen und erscheint in einem antifaschistischen Archiv mitten in Kreuzberg. Die jungen Leute dort erkennen ihn nicht. Hasselbach sagt, er und sein Begleiter seien von der »Antifa Oranienburg« und brauchten unbedingt Material über »die Nazis aus Ost-Berlin«, besonders über einen der dortigen Anführer, Ingo Hasselbach.

Alle vorhandenen Unterlagen werden ihm bereitwillig ausgehändigt.

Ein anderes Mal gilt die Provokation anderen »Gegnern«. Angetan mit Bomberjacke und deutlich erkennbar als Rechter besucht er mit »Kameraden« eine Ausstellung im Gebäude der jüdischen Gemeinde in der Oranienburger Straße im Zentrum Berlins. Die Neonazis werden verstört angesehen, es wird totenstill in den Ausstellungsräumen, es ist, als ob die Anwesenden einfach nicht glauben könnten, wer sich zu ihnen gewagt hat. Niemand unternimmt etwas. Offenbar betrachtet Hasselbach seine Einzelaktionen als eine Art Mutprobe, denn wenn er später davon erzählt, scheint er zu erwarten, man müsste ihn dafür bewundern oder gar loben.

Gewaltaktionen eskalieren. Fast 200 Rechte beteiligen sich an einem Überfall auf das Kulturzentrum »Tacheles« in der Oranienburger Straße. Eckehard Weil, unauffällig gekleidet und mit einem Fotoapparat um den Hals, gibt sich als Tourist und erteilt den angreifenden Nazis taktische Ratschläge. Der Überfall hatte sich in Windeseile bis zu den Hooligans herumgesprochen, die in einem nahe gelegenen Stadion bei einem Fußballspiel waren. Auch die tauchen beim »Tacheles« auf und mischen sich unter die Schläger, die die Einrichtung zerstören und Leute verprügeln.

Nicht alle Beteiligten haben die gleichen Motive: Die Nazis aus der Weitlingstraße bekämpfen »zielsicher« ihre Gegner, und die anderen nehmen den Überfall als eine »Anregung«, ihre Freizeit am Wochenende mit Gewalttaten zu gestalten. Gewalt ist für sie »geil«, und die meisten interessieren sich weder für die Folgen noch ob andere dabei zu Schaden kommen. Was zählt, ist »Action«. Natürlich sind die Rechten und die anderen an den Überfällen Beteiligten sich eins mit ihren rassistischen Vorurteilen, die die Anführer der Neonazis formulieren. Aber erst die Tatsache, dass niemand etwas sichtbar gegen die Gewaltakte übernimmt, führt dazu, dass die zumeist jugendlichen Rechten sich fühlen, als vollstreckten sie das, was die schweigende Mehrheit der Bevölkerung ohnehin denke.

Am 25. Juni 1990 demonstrieren tausende Menschen aus dem linken Spektrum Berlins in der Nähe der Weitlingstraße gegen das Nazizentrum. Am Schluss der bis dahin friedlichen Demonstration lösen sich mehrere hundert Autonome aus dem Zug und versuchen, das Haus anzugreifen. Ein wilder Steinhagel prasselt auf die Polizeibeamten ein, die sich vorsorglich vor dem Haus postiert hatten, um Zwischenfälle zu verhindern. Die Ost-Berliner Polizisten sind auf derartige Angriffe nicht vorbereitet: Sie haben noch nicht erlebt, dass Demonstranten es wagen, mit brennenden Benzinkanistern oder Molotow-Cocktails auf sie, die Sicherheitskräfte, loszugehen.

Während die Straßenschlacht tobt, haben sich dutzende von Neonazis oben auf dem Dach des Hauses in der Weitlingstraße postiert, filmen genussvoll die Szenerie und johlen aus vollem Halse. Im Haus liegen Brandbomben und genug Pflastersteine, um einen Angriff auf das verbarrikadierte Gebäude abwehren zu können. Wenn es den Demonstranten gelungen wäre, die Nazis in ihrem Haus zu

Ingo Hasselbach (l.) auf dem Dach des Hauses in der Weitlingstraße

erreichen, hätte es vermutlich mehrere Tote gegeben. So gehen »nur« Polizeifahrzeuge in Flammen auf und einige Menschen werden verletzt.

In den folgenden Wochen und Monaten kommt Hasselbach kaum zur Besinnung. Ein Ereignis löst das nächste ab. Er fährt zum ersten Mal in seinem Leben nach Spanien, um dort die einheimischen Nazis und Holocaust-Leugner wie den in Spanien einschlägig bekannten Pedro Varela kennen zu lernen. Er nimmt an dem Parteitag der inzwischen gegründeten »Deutschen Alternative« (DA) in Cottbus teil, wo er eigentlich eine Rede halten soll. Aber dazu kommt es nicht. Die Polizei verhindert die Veranstaltung. Die DA ist nichts anderes als eine andere Version der Berliner »Nationalen Alternative«, unter Michael Kühnens Anleitung gegründet, aber dominiert von Brandenburger Neonazis.

Kühnen, der am Veranstaltungsort auftaucht, setzt sich medienwirksam in Szene, plaudert leutselig mit den Polizisten, die die Tagungsgaststätte mit den mehreren hundert Neonazis stürmen wollen, und lässt sich verhaften wie ein Märtyrer. Diese Rolle liegt ihm, und obwohl das Treffen verboten wird, hat er wieder einmal die Aufmerksamkeit erregt, die er für seine Propaganda ausnutzen will. Der Parteitag ist im Übrigen eine der letzten Veranstaltungen, auf denen Kühnen, der Mentor Hasselbachs in der Neonazi-Szene, öffentlich auftritt. Immer häufiger waren Gerüchte aufgetaucht, Kühnen sei schwul. Ingo Hasselbach, Heiko Baumert und Frank Lutz glaubten das nicht, besorgten sich aber aus Neugier eine der Schriften Kühnens mit dem Titel »Homosexualität und Nationalsozialismus«. In diesem Traktat lasen sie den Kernsatz: »Zur Festigung des nationalsozialistischen Männerbundes ist auch die ›sexuelle Beziehung zu anderen Männern oder geschlechtsreifen Knaben‹ zulässig und erwünscht. Lutz und Baumert mussten erstaunt feststellen, dass alles, was über Kühnen »diesbezüglich« in Umlauf war, sogar von ihm selbst bestätigt wurde. Sie beschlossen, mit dieser Fraktion der West-Nazis in Zukunft nichts mehr zu tun haben zu wollen. Hasselbach hingegen sah das nicht so eng, für ihn war dieses Thema eine Privatsache. Und als Michael Kühnen kurze Zeit später an den Folgen der Immunschwäche Aids stirbt, sind keine weiteren Diskussionen mehr nötig.

Inzwischen steht das Projekt in der Weitlingstraße kurz vor dem Aus. Der Rummel um das Haus veranlasste die kommunale Verwaltung über Wege nachzudenken, die lästigen Bewohner über einen »eleganten« Weg loszuwerden. Während Hasselbach auf Reisen ist, hat ein Mitglied der WOSAN mit der Hausverwaltung einen Vertrag ausgehandelt, der die Bewohner zur sofortigen Renovierung des Gebäudes verpflichtet. Da niemand das Geld dazu aufbringen kann und auch keiner Lust hat, an dem Objekt zu arbeiten, versucht Hasselbach, als er davon erfährt, die Vereinbarung rückgängig zu machen. Die Hausverwaltung aber stellt sich erwartungsgemäß quer, niemand dort will weiterhin mehrere Male in der Woche eine schlechte Presse haben. Die Vertreter der Gesellschaft schlagen listig vor, alle Bewohner der Weitlingstraße, die einen regulären Mietvertrag haben, im Gegenzug dezentral in einzelnen Wohnungen unterzubringen, wenn diese das Haus verließen. Hasselbach und Baumert akzeptieren.

Sie haben jedoch ihre Rechnung ohne Gottfried Küssel gemacht. Der hat ganz andere Absichten. Als er von dem Handel erfährt, tobt er vor Wut und beschimpft Hasselbach wieder einmal als Verräter. Er will auf das schöne Hauptquartier nicht verzichten. Hasselbach und Baumert setzen sich in eine Kneipe, um »den Frust« zu ersäufen, Küssel trommelt die Mitglieder der »Bürgerinitiative« zusammen, die er auf seiner Seite weiß, und lässt abstimmen. Das Ergebnis steht vorher fest. »Als ich dann in die Weitlingstraße zurückkehrte«, erzählt Ingo, »war ich nicht mehr Mitglied der WOSAN.«

Doch die Ost-Rechten haben von Küssel, Reinthaler und den anderen West-Nazis genug, sie wollen sich nicht weiter bevormunden und instrumentalisieren lassen. Im September wählen die Mitglieder der »Nationalen Alternative« Ingo Hasselbach zum Vorsitzenden, weil Frank Lutz, der bis dahin die Geschäfte führte, keine Lust mehr auf diesen Posten hat. Hasselbach erkennt, dass die rechte Szene in

Berlin sich zunehmend von den Neonazis aus dem Westen löst und ihren eigenen Weg geht. Er hat ohnehin ein anderes Ziel: Er will politischen Einfluss und deshalb plant er, mit seiner Minipartei an den Kommunalwahlen teilzunehmen. Hasselbach schart seine Gruppe um sich und beginnt, massenhaft Flugblätter zu verteilen. Gleichzeitig versucht er, Jugendliche, die mit rechten Ideen sympathisieren, für die Propaganda-Arbeit zu gewinnen. Doch bald ahnt er, dass kaum jemand überzeugte Nationalsozialisten – und aus denen besteht der Kern der »Nationalen Alternative« – wählen würde. Intern empfiehlt er deshalb, weil er sieht, dass »seine« Sache ohnehin aussichtslos ist, die »Republikaner« zu wählen.

Zwei Ereignisse lassen die letzte Hoffnung der »Nationalen Alternative« schwinden, auf legalem Weg in ein Stadtparlament zu kommen, um sich den Anschein der Seriosität zu geben. Wieder »hängen« die West-Nazis mit drin: Küssel und Reinthaler parken ihren BMW mit österreichischem Kennzeichen unbewacht, während sie in einer Gaststätte zechen. Irgendwann in der Nacht stecken es unbekannte Täter in Brand. Als die Polizei das zunächst unverdächtige Fahrzeugwrack untersucht, entdeckt sie jedoch große Mengen halb verkohlten Propaganda-Materials der illegalen NSDAP/AO (Aufbauorganisation), eine Maschinenpistole mit fast 400 Schuss, eine scharfe Pistole, ein Schrotgewehr und einen unbeschädigten falschen Pass, den offenbar Reinthaler benutzt hatte. Die Medien berichten ausführlich über den Fund der Polizei, der »rechte Politik« einmal mehr öffentlich in »Misskredit« bringt.

Tage später geraten Hasselbach und Reinthaler, der

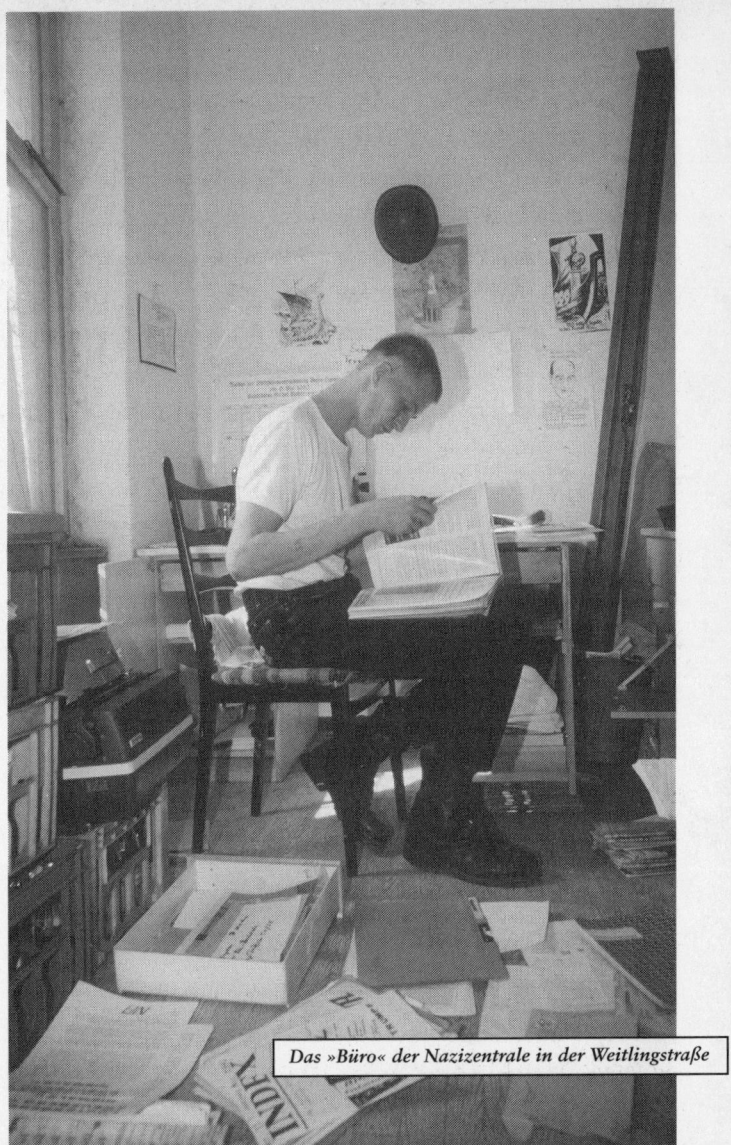

Das »Büro« der Nazizentrale in der Weitlingstraße

mittlerweile ein anderes Auto fährt, in eine Demonstration in Kreuzberg. Sie werden erkannt und von den aufgebrachten Autonomen umringt. Die Polizei sondiert die Lage und stellt die Personalien der Insassen des Autos fest. Im Kofferraum findet sie diverse Schlagwaffen und Präzisionsschleudern. Auch diese Waffenfunde werden in der Presse ausführlich dargestellt. Damit ist die Chance der »Nationalen Alternative« und ihrer mehr oder weniger »prominenten Mitglieder«, sich als ernst zu nehmende Organisation zu präsentieren, dahin.

Hasselbach zerstreitet sich mit den Österreichern jetzt endgültig, vor allem mit Reinthaler, dem er zudem die Freundin ausgespannt hat. Außerdem hatte Hasselbach während eines Besuchs in Reinthalers Wohnung in Salzburg eine makabre Entdeckung gemacht und davon auch einigen Leuten erzählt.

In einer Schublade fand er einen Ordner mit penibel aufgeklebten Zeitungsausschnitten. Die Presseberichte handelten von einem wohlhabenden Ehepaar in Salzburg, dem einige Häuser und Eigentumswohnungen gehörten. Das Paar war eines Abends mit dem Wagen in die Garage gefahren. Aus ungeklärten Gründen explodierte das Auto, beide Insassen kamen ums Leben. Der einzige Sohn und Alleinerbe wurde von der Polizei eingehend befragt, doch eine etwaige Gewalttat konnte ihm nicht nachgewiesen werden. Das Ehepaar waren die Eltern Reinthalers – sie hatten sich, so hörte Hasselbach munkeln, mit ihrem Sohn überworfen, drohten sogar, ihn wegen dessen politischer Anschauung zu enterben.

Seit dieser Entdeckung war Hasselbach der Österreicher

nicht mehr geheuer, auch deshalb, weil der drohte, Hasselbach »eines Tages fertig zu machen.«

Bei der Kommunalwahl im Dezember erhält die »Nationale Alternative« nur wenige Stimmen. Als auch noch der Computer der Partei gestohlen wird, ist für Ingo Hasselbach das Projekt endgültig gestorben. Im März 1991 tritt er aus der Partei, die nur noch wenige Mitglieder hat, aus.

Im Januar 1991 steht Ingo Hasselbach mit leeren Händen da. Das, was er erreichen wollte, ist gescheitert: Die Partei, die politische Arbeit, die Weitlingstraße, vielleicht ein Beruf, mit dem sich der Lebensunterhalt verdienen ließe – nichts von dem hat realistische Konturen. Ein Sozialdiakon aus Berlin-Friedrichshain spricht ihn an. Er sucht Leute, die an einem Projekt in der Pfarrstraße mitarbeiten. Dort soll ein Haus von Grund auf saniert werden. Der Diakon kündigt an, es gebe sogar den Arbeitslohn nach regulärem Tarif. Frank Lutz, Ingo Hasselbach und einige andere sagen zu. Es gibt nur eine Bedingung: »Nationale Politik« muss von dem Projekt fern gehalten werden. Wie das funktionieren soll, weiß niemand. Hasselbach erscheint die Absicht des Sozialdiakons naiv: Da ihn, Hasselbach, jeder kennt und auch jeder der anderen Beteiligten kein unbeschriebenes Blatt ist, hält er Konflikte für vorprogrammiert. Vor allem die linken Hausbesetzer aus den umliegenden Häusern derselben Straße werden nicht glücklich über die nahe Anwesenheit von ihnen sein. Insgeheim denkt der Diakon wohl auch, über eine Arbeit die Neonazis zu besseren Menschen machen und sie auf den rechten, vielleicht sogar christlichen Weg führen zu können.

Es kommt wie befürchtet: Der Leiter des Projekts wird bald als »Nationalsozialarbeiter« verspottet, und einige Autonome versuchen, das Haus in der Pfarrstraße zu überfallen, weil sie eine Neuauflage der Weitlingstraße befürchten. Die Rechten revanchieren sich und verprügeln jeden, den sie auf der Straße treffen und für einen Linken halten. Der Sozialdiakon scheint beide Augen zuzudrücken.

Obwohl Hasselbach sich selbst zurückhält und sich scheut, direkt und persönlich gewalttätig zu werden, halten ihn seine politischen Gegner wegen seiner Vergangenheit für den Drahtzieher und machen ihn auch für Überfälle verantwortlich, mit denen er gar nichts zu tun hat. Im Herbst kommt es wieder zu einer Straßenschlacht, zahlreiche Beteiligte werden schwer verletzt, Steine fliegen, jemand geht mit einer Motorsäge auf die Prügelnden los, im letzten Augenblick wird ihm das Gerät aus der Hand geschlagen. Hasselbach zeigt diverse Blessuren: Er hat sich den Arm ausgekugelt, sein Sprunggelenk ist lädiert, und eine schmerzende Beule legt den Verdacht auf eine Gehirnerschütterung nahe.

Im Krankenhaus, noch auf dem Röntgentisch, wird er von der Polizei festgenommen – als Rädelsführer.

Der Sozialdiakon sieht sein Projekt gescheitert. Ihm bleibe keine Wahl, so eröffnet er Hasselbach und den anderen aus dessen Gruppe am nächsten Tag, als sie zu entlassen.

Mehrere Monate lang treibt sich Hasselbach ziellos in Kneipen herum. Er lebt mit seiner neuen Freundin zusammen, die beiden haben sich aber nicht viel zu sagen. Er versucht, sich mit kleineren Jobs finanziell über Wasser zu halten, verdingt sich für Montagearbeiten, weil er bei Firmen außerhalb Berlins nicht als Neonazi-Anführer bekannt ist. An eine geregelte Arbeit aber ist nicht zu denken. Im Arbeitsamt sagt ihm der zuständige Sachbearbeiter, er sei nicht zu vermitteln. Der Mann schildert die Situation drastisch: Hasselbach sei wegen der vielen Presseberichte über ihn während der Monate in der Weitlingstraße zu bekannt. »Wenn ein Chef hört, wen er da einstellen soll, fällt der erst einmal in Ohnmacht. Und wenn er wieder aufwacht, wird er mich fragen, ob ich noch alle Latten am Zaun habe.«

Ingo Hasselbach kommt sogar auf die Idee, sich bei der Bundeswehr zu bewerben – ein Gedanke, der, wie er es mag, provoziert. Die Bundeswehr lehnt seine Bewerbung dankend ab: Auch dort kennt man ihn aus der Presse. Man will keinen Soldaten haben, der sich in der Vergangenheit offen zu seiner nationalsozialistischen »Weltanschauung« bekannt hat.

Doch das bringt ihn nicht dazu, nachzudenken oder mit seiner Meinung vorsichtiger umzugehen. Er lässt sich von einem Regisseur überreden, in einem Dokumentarfilm über Neonazis mitzuspielen. Die Szenen sind fast ausnahmslos gestellt, nichts ist so, wie es wirklich war, aber das interessiert niemanden. Der Film soll sensationell wirken und die Neonazis äußerst gefährlich aussehen lassen. In der Nähe von Greifswald spielen Hasselbach und einige seiner Gesinnungsgenossen »Wehrsport«, man robbt in Militärkleidung durchs Gebüsch und um schrottreife russische Panzer herum.

Hasselbach scheint zu gefallen, sich in Pose setzen zu können. Er macht gern mit bei diesen Aufnahmen, zumal auch Geld eine Rolle spielt. Er fährt – im Film – wichtig am Steuer eines Mercedes, obwohl er keinen Führerschein hat und das Auto dem Regisseur gehört. Er lässt sich filmen, umgeben von seiner vorgeblichen »Leibwache«, die aus seinem Bruder Jens besteht, der keiner Fliege etwas zu Leide tun kann, und zwei weiteren »Kameraden«. Er tritt aus dem Flughafengebäude in Frankfurt am Main, um dortige Neonazis zu besuchen, obwohl er gar nicht dorthin geflogen ist. Und in seiner Wohnung spult er alles ab, was seiner Meinung nach zu einem »Führer von Berlin« – so der Titel des Films – gehört. Die Juden seien »raffgierige Wesen«, die an den Schalthebeln der Macht säßen. Niemand fragt nach, niemand widerspricht. Hasselbach will seine Rolle spielen, er will von sich geben, was man von ihm hören will. Ein Nazi, der nichts gegen Juden sagt, ist kein richtiger Nazi, auch wenn er keine Ahnung vom Thema hat. Auch die Schwulen, fügt Hasselbach hinzu, würde er »in ein geschlossenes Gebiet« stecken, obwohl er eigentlich nicht dieser Meinung ist. Er sagt, was man von ihm erwartet, und er vertritt Ideen, von denen er sich für den Augenblick Vorteile verspricht. Das, was er wirklich denkt, was seiner Pose widerspricht, verschweigt er.

Wenn er über die Inszenierung des Films nachdenkt, fühlt er sich gespalten. Die generelle Aussage stimmt ungefähr: Viele Neonazis horten Waffen, betreiben ernst gemeinten »Wehrsport«, hetzen Jugendliche auf, knüpfen auch internationale Kontakte. Doch es gibt auch andere Seiten an Ingo Hasselbach. Er ist ein Außenseiter, niemand will ihn im Augenblick. Und manche Ideen, die nicht aus der rechten Szene stammen, beeindrucken ihn durchaus. Er könnte sich sogar mit den Ideen der »Grünen« anfreunden, Umweltschutz hält er für wichtig, einige prominente Politiker der »Grünen« – wie die damalige Bundestagsabgeordnete Petra Kelly – findet er sympathisch, »weil die sich für ihre Idee mit aller Kraft einsetzen«. Hasselbach will zwar provozieren und damit auf sich aufmerksam machen, aber er möchte auch anerkannt werden. Er weiß zu diesem Zeitpunkt aber nicht, an wessen Anerkennung ihm wirklich liegt.

Der Nazi Kühnen hatte gespürt, dass sich dieses Verlangen Hasselbachs in eine Richtung lenken ließ, die er für seine eigenen politische Ziele ausnutzen konnte, und hatte ihn deshalb gefördert und ihm scheinbar »wichtige« Posten – wie den eines Parteivorsitzenden – zuschanzen wollen. Jetzt aber will Hasselbach auf eigenen Beinen stehen, er will seine eigenen Ideen verwirklichen, ohne sich Vorschriften machen zu lassen. Er beschließt im Sommer 1992, es noch einmal mit politischer Arbeit zu versuchen. Er spricht einige der alten Freunde an und schlägt vor, eine unabhängige »Kameradschaft« zu gründen. Bald hat er sie zusammen: gut zwei Dutzend Männer zwischen 18 und 30 Jahren. Sie nennen sich »Sozialrevolutionäre Nationalisten«. Es sind nur Leute dabei, die sich schon seit langem kennen, auch Frank »Schmutz« Lutz und Heiko Baumert, der den Spitznamen »Buchenwald« erhalten hat. Niemand hat noch Lust, sich in irgendeiner Partei zu engagieren. Alle wollen unabhängig arbeiten, gegen wen oder was auch immer.

Aber bald gibt es Streit. Frank Lutz will Anführer sein

und verlangt, dass ihm alle aufs Wort gehorchen. Er ordnet Schulungen an und setzt die Themen fest, auch wenn das niemanden interessiert. Hasselbach agiert geschickter: Er gibt – wie einmal gelernt – nur Befehle, von denen er weiß, dass die anderen diese gern befolgen werden. Lutz ist besonders von der »Treue der deutschen Frau« angetan. Hasselbach wiederum weiß, dass es mit Lutz' eigener Treue nicht allzu weit her ist. Er hat gehört, dass »Schmutz« nichts dabei findet, die eigene Freundin zu betrügen. Deshalb zieht er die schwülstigen Darlegungen des selbst ernannten Anführers ins Lächerliche. Lutz verbittet sich das – ohne Erfolg. Hasselbach fühlt sich umso mehr provoziert. Die Hackordnung in der Gruppe ist nicht geklärt, weil beide, Lutz und Hasselbach, keinen über sich dulden können und wollen.

Im Juli feiert Hasselbach Geburtstag in einem kleinen Lokal. Auch Frank Lutz schaut vorbei und fragt hämisch nach einem kleinen Geldbetrag, den Hasselbach ihm noch schuldet. Der antwortet in ähnlichem Tonfall, »Schmutz« bekomme alles zurück, »mit Zins und Zinseszins, wie es bei deinesgleichen üblich ist«. Das ist ein »Witz« mit antisemitischem Hintergrund; Lutz ist aufs Äußerste gereizt. Er stürmt auf Hasselbach los und beginnt auf ihn einzuschlagen. Ingos jüngerer Bruder Jens, der auch an der Feier teilnimmt, versucht seinem Bruder zu helfen, bekommt aber einen Faustschlag auf die Nase. Blutend bleibt er in einer Ecke liegen. Größere Teile des Mobiliars gehen zu Bruch, endlich können die beiden Streithähne getrennt werden. Mit der Freundschaft zwischen Ingo und Lutz ist es vorbei.

Das spaltet auch die »Kameradschaft«, die Hälfte der

Gruppe wendet sich »Schmutz« zu, die anderen scharen sich um Hasselbach. Die beiden rechten Gangs gehen sich strikt aus dem Weg. Hasselbach hört, dass Lutz durch immer brutalere Aktionen auf sich aufmerksam macht. Vor einer Diskothek hat dieser mit einer scharfen Waffe um sich geschossen und bei der anschließenden Prügelei dem Türsteher eine Augenbraue abgebissen. »Der ist wie sein Vater«, sagt Hasselbach heute, »der muss immer Recht haben und behalten und kann einfach nicht verlieren.«

Doch auch er gerät unter Zugzwang. Er muss etwas tun, die Gruppe will agieren, sich nicht nur ständig schulen. Es ist September 1992. In ganz Deutschland häufen sich Übergriffe und Gewalttaten gegenüber Asylbewerbern und Einwanderern. Das Pogrom von Rostock, währenddessen eine johlende Menschenmenge Jagd auf verängstigte Menschen machte, wirkt wie ein Fanal. Alle Neonazis und Rassisten fühlen sich im Aufwind, meinen, ihre Stunde sei gekommen. Bis jetzt hat sich kein Mitglied der »Kameradschaft« Hasselbachs offen beschwert, dass der Anführer keine Gewalttaten plant. Aber Hasselbach befürchtet, das Vertrauen der anderen zu verlieren, wenn er sich von dem Sog der Ereignisse nicht mitreißen lässt und seinerseits nichts unternimmt, was den politischen Zielen der Neonazis entspricht. Er ist auf den Zusammenhalt der Gruppe genauso angewiesen wie diese auf ihren Anführer. Also muss er handeln.

Er hat über das Pogrom von Rostock nachgedacht. Ihm gefällt nicht, dass unschuldige Menschen von Neonazis, also von den eigenen Leuten, angegriffen werden. Er hat die Bilder im Fernsehen gesehen, wie Vietnamesen in Todesangst versuchten, dem wütenden Mob zu entkommen, wie ein schockierter Angestellter der Wohnungsbaugesellschaft am Tag danach die zerstörten Wohnungen besichtigt und den Tränen nahe ist. Er weiß nicht, wie er derartige Aktionen vor sich selbst begründen soll.

Er war mehrere Male mit seinen »Kameraden« unterwegs, hat gesehen, wie diese angeblich »fremd« aussehende Menschen anpöbelten. Er hat auch mit seiner Mutter, zu der der Kontakt nie abgebrochen ist, darüber geredet. Sie sagt ihm: »Wenn du anfängst, Leute zusammenzuschlagen, brauchst du nicht mehr herzukommen.« So weit will er sich nicht treiben lassen. Wenn es gegen die »Linken« geht, ist ihm das gleich, denn gegenüber denen fühlt er sich in einer Art von Notwehr-Situation. Und dass er nichts dagegen hatte, Asylbewerberheime anzugreifen, weiß er aus den »Aktionen« in der Zeit der Weitlingstraße: Darüber und über die konkreten Folgen hat er sich jedoch damals keine großen Gedanken gemacht. In der Rückschau darauf beginnt er das nun anders zu sehen.

In der Bürgerheimstraße in Lichtenberg gibt es ein Jugendprojekt, das sich um Kinder und junge Leute kümmert, die nach der Schule keine Lust haben, nach Hause zu gehen. Auch die Rechten aus Hasselbachs Gruppe waren ab und zu dort und tranken ein Bier. Einer der Halbwüchsigen erzählt ihnen, dass dort bald ein überregionales Treffen antifaschistischer Gruppen stattfinden würde. Die Antifas, so die Aussage, wollten beraten, was sie gegen den alljährlichen Aufmarsch der Nazis im fränkischen Wunsiedel machen könnten. Dort ist das Grab des ehemaligen Hitler-Stellvertreters Rudolf Hess – ein Wallfahrtsort alter und neuer Nazis.

Hasselbachs Gruppe trifft sich und beratschlagt. Ihr Anführer verdrängt in der Diskussion den Gedanken, dass es wieder einmal Unschuldige treffen könnte. Er übernimmt bewusst die Meinung der Gruppe: Jetzt gibt es endlich eine Gelegenheit zu zeigen, dass man da ist. Man plant eine Aktion – als eine Art von Öffentlichkeitsarbeit. Hasselbach will sich dieses Mal nicht zurückhalten. Es ist der letzte Versuch, sich in eine Gruppe fest einzubinden.

Der Plan ist: Während die Antifas sich in der Bürgerheimstraße versammeln, werden vier der Neonazis mit Fahrrädern am Haus vorbeifahren und Brandflaschen – Molotowcocktails – durch die Fenster werfen. Hasselbach sagt den anderen, dass er das nicht selbst machen werde, weil er zu groß sei und zu markant aussehe. Ihn könne man schneller identifizieren. Das stimmt zwar, dennoch ist es eine Ausrede. Er erklärt sich dazu bereit aufzupassen, dass sie niemand verfolgt oder vorher beobachtet. Natürlich macht er sich etwas vor: Die Verantwortung trägt ausschließlich er als der unbestrittene Anführer.

Für ihn, so redet er sich ein, ist das aber auch eine Gelegenheit, sich für die vielen Angriffe der »Linken« auf die Weitlingstraße zu revanchieren. »Ich habe gedacht«, sagt er heute, »da trifft es schon die Richtigen. Die sollen mal merken, wie es ist, wenn sie in einem Raum sitzen und es brennt.« Am Tag vor der Aktion besprechen sich die Beteiligten, wer wem auf welche Weise ein Alibi verschafft.

Wer die Aktion ausführen wird, ist klar. Der Anschlag verläuft exakt nach Plan. Vier der Neonazis schwingen sich am Abend auf ihre Fahrräder und fahren zur Bürgerheimstraße. Die Brandflaschen verbergen sie unter ihren Jacken.

Einer postiert sich am oberen Ende der Straße, ein anderer am unteren, um zu sehen, dass niemand die Aktion beobachtet. Die restlichen zwei fahren vor das Jugendheim und werfen die Brandsätze: an die Tür und durch die Fenster.

Der Gastraum steht sofort in Flammen. Auch die Tür brennt. Ohne sich darum zu kümmern, ob Personen verletzt worden sind, flüchten die Täter. Zum Glück kommen keine Menschen zu Schaden. Am nächsten Tag diskutieren die Attentäter, ob sie ein Bekennerschreiben verfassen sollen. Da sie in der Zeitung lesen, dass der Staatsschutz wegen des offensichtlich politischen Hintergrunds des Anschlags ermittelt, lassen sie es. Das ist ihnen zu gefährlich. Also verhalten sie sich ruhig. Kurze Zeit später erscheinen einige Beamte der ermittelnden Behörde an der Wohnungstür der Eltern Hasselbachs. Scheinbar haben sie seinen Bruder Jens im Verdacht, an der Aktion beteiligt gewesen zu sein. Sie erkundigen sich nach ihm, Ingo gibt bereitwillig Auskunft. Die Beamten haben keine Fotos der möglichen Täter und erkennen Ingo Hasselbach nicht – offenbar haben sie noch nie eine Zeitung gelesen. Doch als er aufgefordert wird, seinen Ausweis zu zeigen, erklären sie, dass sie eigentlich hinter ihm her gewesen seien. Sie nehmen ihn gleich mit und verhören ihn.

Hasselbach bestreitet den Anschlag, verweist auf sein abgesprochenes Alibi und behauptet, er habe zur fraglichen Zeit ein Fußballspiel im Fernsehen gesehen. Wie das Spiel denn ausgegangen sei?, fragt der vernehmende Beamte. Hasselbach hat vergessen, sich danach zu erkundigen, und gibt schnell eine Lügengeschichte zum Besten: Sie hätten vor Ende des Spiels umgeschaltet, weil das so langweilig gewesen sei. Das hört sich zwar alles nicht glaubwürdig an, aber der Beamte vom Staatsschutz gibt sich mit dieser Version zufrieden. Der Zeuge, den Hasselbach angibt, bestätigt alles. Natürlich haben die Täter noch vorher Gelegenheit gehabt, sich abzusprechen. Das Attentat wird erst Jahre später, nach Hasselbachs Ausstieg, vor Gericht verhandelt.

———⧫———

Im November 1992 verbrennen eine türkische Frau und zwei Kinder in einem Haus in Mölln. Die Täter sind junge Männer, die in ihrer Stadt zwar schon mit dem Hitler-Gruß posiert haben, aber nicht organisatorisch in die rechte Szene eingebunden sind. Als die ersten schrecklichen Bilder des Mordanschlags im Fernsehen erscheinen, trifft sich die »Kameradschaft« Ingo Hasselbachs.

Die meisten sagen gar nichts oder nur, »dass die ›Kameraden‹ dort in Mölln wenigstens etwas machen«. Hasselbach nimmt eindeutig Stellung: »Ich kann nicht akzeptieren, dass unschuldige Frauen und Kinder sterben müssen. Das mache ich nicht mit.« Doch er erntet nur Unverständnis. Einer aus der Gruppe meint, Hasselbach habe jetzt offenbar Angst vor den Geistern, die er selbst beschworen und gerufen hat. »Damit hatte der wahrscheinlich sogar Recht«, erinnert Hasselbach sich heute. »Doch das war es nicht allein.«

Er hat das Gefühl, vor einem Scheideweg zu stehen, vor einer schwer wiegenden Entscheidung. Bisher haben die »Kameraden« über die Planung von Mordanschlägen nur geredet, und die, die am lautesten krakeelten, waren seiner

Meinung nach am wenigsten in der Lage, so etwas auszuführen. Es hatte sogar lange Diskussionen über »rechten Terrorismus« in der Gruppe gegeben. Die »Führungskader« oder die, die sich dafür hielten, studierten ein Buch, das eigentlich nur in ultralinken Kreisen kursierte, mit dem Titel »Der totale Widerstand«. Darin finden sich detaillierte Anweisungen, wie man Bomben baut, wie man mit diversen Sprengstoffen umgehen sollte, und derartige Dinge mehr. Das Werk stammt vom schweizerischen Unteroffiziersverband und ist nicht so ohne weiteres in Deutschland erhältlich. Wie auch immer: Hasselbach war seit langem der Meinung, man müsste etwas »gegen den Staat« tun, wenn eine andere Gesellschaft aufgebaut werden sollte; nicht aber gegen Einzelne, gegen unschuldige Menschen.

Doch niemand weiß genau, wie diese andere Gesellschaft auszusehen hätte. Die Gruppe plappert, bis auf wenige Ausnahmen, nach, was ihr Anführer sagt. Er hat das Meinungsmonopol. Hasselbach behauptet, es sei ein Vorurteil, wenn die »Kameraden« immer wieder tönen: »Die Ausländer nehmen uns die Arbeitsplätze weg.« Das sei doch Blödsinn. Man müsse nicht Ausländer angreifen, sondern die Unternehmen, die sie einstellten. Das verstehe er unter »rechtem Terrorismus«.

Immer wieder wird Hasselbach in diesen Wochen zur Polizei vorgeladen und vernommen. Er wird mehrfach wegen diverser Propagandadelikte verurteilt, wegen Körperverletzung, wegen Widerstands gegen die Staatsgewalt, wegen Volksverhetzung. Er könnte einige seiner Gesinnungsgenossen ins Gefängnis bringen; er weiß, wer jüdische Friedhöfe geschändet hat, und er weiß um andere Straftaten.

Das Milieu, in dem er lange Jahre verkehrt hat, ist mehr und mehr zu jeder Gewalttat bereit. Gerade die Mitläufer sind die Schlimmsten, sie machen durch Krawalle auf sich aufmerksam. Sie sehen sich durch Politiker bestätigt, die in den Medien über ein vermeintliches »Ausländerproblem« reden, und sie fühlen sich durch diese Äußerungen erst recht angestachelt. Sie handeln, so denken sie, während die Politik das »Problem« nicht löst. Aber das ist nicht Hasselbachs Logik.

So hat er sich die Entwicklung nicht vorgestellt. Nach der Wiedervereinigung war er froh, Gleichgesinnte aus dem Westen zu treffen, die ihn so akzeptierten, wie er war. Von denen ist er durchweg enttäuscht. Er hatte sich nicht vorstellen können, mit welch einer Ansammlung durchgeknallter Fanatiker, primitiver Hetzer und Krimineller er sich einlassen würde. Und der Nachwuchs ist noch schlimmer. Die große Mehrheit der Jugendlichen, die neu an die Szene herangezogen und zu überzeugten Nationalsozialisten geschult werden sollen – von Leuten wie ihm! –, haben keine Ahnung von politischen Dingen. Die sind nützliche Idioten für Drahtzieher wie Christian Worch – ernst kann er die nicht nehmen.

Auch von seinen früheren Freunden ist er enttäuscht. Heiko Baumert hat sich Frank Lutz angeschlossen. André Riechert, nicht ganz so bekannt wie Hasselbach, dient bei der Bundeswehr und lässt sich nicht mehr sehen. Einige aus seiner Gruppe lassen Schlimmes befürchten: Zum Beispiel Oliver Werner, der erst 19 Jahre alt ist, redet viel davon, Bomben zu legen; er macht aus seinem wirren Hass auf »die Ausländer« keinen Hehl. Er fühlt sich durch die Ereignisse von Mölln eher noch beflügelt und möchte etwas Ähnliches tun.

Ingo Hasselbach ist entschlossen, etwas in seinem Leben zu ändern. Er will aus der Schusslinie, Ruhe haben, um nachdenken zu können. Er überlegt, sich von der »Truppe«, vielleicht nur eine kurze Zeit, zu trennen. Als er seinen Entschluss verkündet, reagierten die Truppe mit Verständnis. Außerdem wagt ohnehin keiner ihm zu widersprechen, weil alle wissen, dass Ingo seinen Kopf durchsetzt, wenn er sich etwas vorgenommen hat. Sie meinen, der Anführer werde nach einiger Zeit wieder zu ihnen zurückkehren.

Ein paar Tage nach dem Anschlag von Mölln erfährt Hasselbach, dass jener Film über ihn gesendet werden soll, der im Frühjahr gedreht wurde. Er lag bis jetzt auf Eis. Der Titel heißt nun »Wir sind wieder da« und wird ihn als den »Führer von Berlin« zeigen. Er ruft den Filmemacher an, der damals die Interviews mit ihm gemacht hat: Er will die Ausstrahlung verhindern. Er möchte nicht mehr als der Chef der gewalttätigen Neonazis im Fernsehen auftreten. Zu spät: Das Material ist an den Sender verkauft worden; der hat jetzt die Rechte und kann senden, was und wann er will.

Am 8. Dezember sitzt Hasselbach mit ein paar »Kameraden« vor dem Fernseher. Er sagt nicht, was er denkt und befürchtet, wartet nur darauf, wie die reagieren werden.

Der Film läuft an. Hasselbach sieht sich in seiner Wohnung auf der Couch sitzen, vor einer Karte von Großdeutschland, und über Juden und Schwule reden. Eine Soziologin, die im Film auftritt und befragt wird, kennt Ingo Hasselbach schon lange. Er sei sensibel, sagt sie, und ein typisches Beispiel für einen überzeugten Neonazi. Er habe sich seine Weltanschauung wie ein Korsett übergestülpt, um einen inneren Halt zu finden. Als Hasselbach die Szene sieht, denkt er, die habe »nicht die geringste Ahnung«. Wenn er, Hasselbach, so repräsentativ für die Nazis sein soll, gäbe es wohl kaum so viele Gewalttaten.

Ingo Hasselbach sieht sich wie in einem Spiegel, und er beobachtet, dass er sich damals, während der Dreharbeiten, im Beisein der anderen Anführer sehr zurückgehalten hat. Und noch etwas geht ihm durch den Kopf: Zu Zeiten der DDR hat er sich immer über Heuchelei aufgeregt, dass Menschen, die angeblich für das Heil der Menschheit kämpften, nicht davor scheuten, zu lügen und die Wahrheit zu vertuschen. Er hat es genauso erlebt bei denen, die auf seiner Seite stehen.

Nein, er muss da irgendwie heraus. Seine »Kameraden« bewundern ihn, weil er durch solche Berichte wie diesen berühmt geworden ist. Er kann sich noch daran erinnern, dass die rechten Jugendlichen in Greifswald Autogramme von ihm haben wollten, als er dort auftauchte. Ja, einer von ihnen sagte sogar, er sei stolz, ihn, Ingo Hasselbach, kennen gelernt zu haben. Das ist ihm jetzt unangenehm. Er möchte nicht angesehen sein, weil er der Anführer einer Meute von Schlägern ist.

Er hat auch Angst davor, dass seine »Kameradschaft« ihn irgendwann dazu zwingen wird, schwer wiegende Straftaten zu begehen, die ihn für Jahre ins Gefängnis bringen werden. Und er fürchtet die Autonomen, die nichts lieber tun als den Nazi-Chefs »Denkzettel« zu verpassen.

Hasselbach kommentiert den Film nicht, sagt nichts,

obwohl die anderen das ungewöhnlich finden. Zusammen mit einem von ihnen, der nicht weit von ihm wohnt, verlässt er die Gruppe und fährt los. Zu Hause steigt er aus, sein Begleiter will noch mit hineinkommen zu ihm und ein Bier trinken. Es ist schon zwei Uhr in der Nacht.

In den Büschen nahe dem Eingang, dann hinter dem Haus sieht Hasselbach einen Schatten, schöpft jedoch keinen Verdacht. Als er dann aber den Schlüssel ins Schloss steckt, um aufzuschließen, stürmt ein halbes Dutzend vermummter Gestalten auf die beiden los. Sie haben Eisenstangen und Baseballschläger – seine Feinde, »irgendwelche Antifas«, die offenbar den Film gesehen haben und dadurch erst recht in ihrer Wut angestachelt worden sind. Er schlägt wild um sich, sein Begleiter bekommt einen Schlag auf den Kopf und fällt blutend zu Boden, Tränengas wird gesprüht. Nach mehreren Minuten wilder Prügelei lassen die anderen von ihm ab. Hasselbach hilft seinem Kumpan ins Haus. Wie oft wird mir das noch passieren?, denkt er. »Ich will so nicht mehr. So nicht.«

Doch wie soll sich sein Leben ändern? Er überlegt, wen er außerhalb des rechten Milieus noch kennt. Ihm fallen einige Leute ein, mit denen er zu seiner Zeit als junger Punk oft zusammen war. Mit denen verabredet er sich, er hat sie nur selten gesehen, aber sie reden noch mit ihm. Gemeinsam beschließen sie, zusammen nach Westdeutschland zu fahren, nach Würzburg, um »einen draufzumachen«. Ein paar Tage nicht in Berlin sein – das würde ihm gut tun.

Doch auch im Westen verfolgen ihn seine Vergangenheit und die Ereignisse. Zusammen mit seinen alten Freunden sitzt er vor dem Fernseher und muss sich erneut die Berichte über den Anschlag von Mölln ansehen. Die anderen blicken ihn an, obwohl er schweigt, und fragen, was er darüber denke. Das seien doch seine Leute, die die türkische Frau und die Kinder ermordet hätten! Hasselbach schämt sich. Hier, bei diesen Leuten, gilt sein Prestige als »Führer von Berlin« gar nichts, ganz im Gegenteil. Er kann als Entschuldigung nur anbringen, »eigentlich« sei er »ausgestiegen«.

Aber ist er das? Die Reaktion der anderen bestärkt ihn darin, sich von der »Kameradschaft« innerlich zu distanzieren. Eine Entscheidung rückt immer näher. Wieder in Berlin, sieht er seine »Truppe« kaum noch. Er meidet ihre Treffpunkte und versucht, Diskussionen aus dem Weg zu gehen. Er bleibt zu Hause, liest, beschäftigt sich nicht mit Politik, läuft oft ruhelos hin und her. Einer der »Kameraden« aus dem Westen, Oliver Schweigert, kommt vorbei und möchte einige Tage bei ihm wohnen, weil seine Freundin ihn hinausgeworfen habe.

Doch der einfältige und nicht unbedingt saubere Gast geht ihm bald nur noch auf die Nerven. Hasselbach fährt mit einer alten Freundin zum Ausspannen einige Tage nach Potsdam. Sie mieten ein Zimmer in einem billigen Hotel, gehen spazieren und reden über alles, was in der letzten Zeit geschehen ist.

Hasselbach fühlt sich erleichtert, zugleich hat er auch noch das Gefühl, zurückzukönnen zu seinen alten »Kameraden«, noch sind die Bande zu ihnen nicht völlig gerissen. Aber er genießt es auch, einige Tage nicht mehr die Straßenzüge von Lichtenberg zu sehen, nicht immer dieselben Gesichter, nicht jeden Tag seinen schmierigen Mitbewohner

Schweigert. Es fehlt nur noch ein winziger Anlass, um Hasselbach den letzten Ruck zu geben. Er spürt es.

Dieser Anlass kommt sofort nach seiner Rückkehr. Seine Küche riecht »wie ein Schweinestall«, die frisch gestrichene Wand ist voller Fettspritzer, die Essensreste sind noch in der Pfanne, überall liegen Kleidungsstücke herum, der Mülleimer ist nicht ausgeleert. Schweigert hat eines der T-Shirts Hasselbachs zum Onanieren benutzt. Ingo ist außer sich und erklärt seinem Gast, er solle sofort das Haus verlassen und auch seine nationalsozialistische Propaganda mitnehmen, sonst würde er alles sofort in den Ofen werfen. Schweigert begreift nicht, was los ist und versucht zu scherzen und den »Kameraden Hasselbach« zu beruhigen. Doch Hasselbach hat endgültig genug: Er wirft Hakenkreuzfahnen auf den Boden, Nazi-Bücher, alles, was er finden kann. »Nenn mich nie wieder ›Kamerad!‹«, brüllt er. »Ich will das Zeug nicht mehr haben!«

»Halt!«, ruft Schweigert verstört. »Ich such mir noch aus, was ich gebrauchen kann.« Gierig sammelt er alles auf. Hitlers »Mein Kampf« liegt auf dem Fußboden, Propaganda aus der Zeit der Weitlingstraße, eine Flugschrift mit dem Titel »NS-Verbot aufheben!«. Hasselbach steht in einer Ecke, die Hände in die Seiten gestemmt und wartet ungeduldig, bis sein Gast fertig ist. Die letzten Reste des rechten Materials wandern in Plastiktüten. Schweigert nimmt noch einige Plakate von der Wand und verstaut alles außer Reichweite. Dann verlässt er die Wohnung und sagt zum Abschied »Sieg Heil!«. Hasselbach antwortet nicht. Er wird Schweigert nie wieder sehen.

Als er endlich allein ist, reißt er alle Fenster auf, trägt

Abfälle hinunter, macht sauber. Es ist wie ein exorzistisches Ritual, als wollte er alle Reste der Vergangenheit ausmerzen. Nachdem das getan ist, lässt er sich auf das Sofa fallen. Was jetzt? Er überlegt: Er muss den »Kameraden« zeigen, dass er es ernst meint. Er fürchtet zwar, dass die unangenehm reagieren könnten, wenn er öffentlich verkündete, mit der rechten Szene nichts mehr zu tun haben zu wollen – aber der Schritt muss getan werden. Wen kann er um Hilfe bitten? Er hat kein Geld, die Wohnung seiner Mutter ist zu bekannt. Ihm fällt der Filmemacher ein. Den ruft er an. Er schildert seine Situation und bittet ihn, ob der nicht einen kurzen Film drehen könnte, in dem er, Hasselbach, sich öffentlich von den Neonazis distanziert.

Natürlich sagt der sofort zu und verspricht, so bald wie möglich vorbeizukommen. Dann nimmt Hasselbach Kontakt zur Polizei auf. Das ist nicht so einfach, dort wird man ihm kein Wort glauben. Hasselbach erinnert sich an einige Beamte aus einer Polizeitruppe, die sich auf Gruppengewalt und deren Vorbeugung spezialisiert haben, Männer, die mit Turnschuhen herumlaufen, die hart im Nehmen sind und die ihre Pappenheimer kennen. Bei denen war er schon ein paarmal »Kunde«. Er hat sogar noch Telefonnummern.

Und er hat Glück. Einer der Beamten traut ihm, gibt ihm die Nummer seines privaten Anschlusses und sagt, wenn es brenzlig würde, solle er sofort anrufen. Vielleicht würden er und seine Kollegen auch mal bei Hasselbachs ehemaligen »Kameraden« vorbeischauen, wenn die aufmuckten, und denen einen Nasenstüber verpassen. Das ist nicht viel, denkt Hasselbach, aber immerhin etwas.

Dann wird sein Ausstiegsfilm gedreht. Hasselbach verbrennt demonstrativ ein Bild Adolf Hitlers und erklärt, die Morde von Mölln seien ausschlaggebend dafür gewesen, dass er sich mit der rechten Szene nicht mehr identifizieren könne. Er packt drei Gewehre in eine Kiste und eine Hakenkreuzfahne. Hasselbach gibt noch einige Details zum Besten, die später für Aufregung und Recherchen Anlass geben werden, zum Beispiel, dass die »Nationale Alternative« von honorigen Bürgern mit Geld unterstützt worden wäre.

Der Filmemacher schlägt vor, einfach für einige Wochen nach Paris zu fahren. Er habe dort noch eine Wohnung und kenne viele Leute. Hasselbach ist begeistert. Erst einmal Gras über die Sache wachsen lassen!

Er erkundet die Hauptstadt Frankreichs auf eigene Faust. Eine neue Welt tut sich ihm auf. Er streift durch die Gassen, wagt sich in arabische Cafés, durchstöbert exotische Märkte, versucht, hier und dort ein französisches Wort aufzuschnappen, um nicht ganz sprachlos zu sein. Er fühlt sich wie in einem Film. Und er bemüht sich, keine Gedanken daran zu verschwenden, was inzwischen in Berlin geschieht.

Einige Abende verbringt er mit Freunden des Filmemachers in Restaurants oder Cafés. Sie waren vorher informiert worden, um welchen Mann es sich bei dem blonden Deutschen handelt. Einige weigern sich zunächst, überhaupt ein Wort mit ihm zu wechseln. Andere sind neugierig, sammeln ihr Deutsch zusammen und fragen ihn aus. Er kann sich jetzt nicht einfach zurückziehen oder so tun, als hätte er nicht an das geglaubt, was er noch vor einigen Monaten von sich gegeben hat.

Manchmal kommt er sich vor, als träume er nur. Wenn

er sich in die Runde seiner »Kameraden« zurückversetzt, erscheint ihm die Vergangenheit wie ein miefiger, provinzieller und beschränkter Ausschnitt aus einem Leben, das eigentlich ganz anders ist und sein könnte, als er es sich jemals hat vorstellen können.

Nach einigen Wochen führt er ein längeres Gespräch per Telefon mit seiner Mutter. Die erzählt, dass in Berlin seinetwegen »die Hölle los« sei. Nachdem der Film über seinen Ausstieg gesendet worden sei, hätten sich seine ehemaligen »Kameraden« in einer Kneipe getroffen. Sie weiß das alles von Ingos jüngerem Bruder, der noch Kontakte in die Szene hat. Alle seien empört gewesen, vor allem, weil zu sehen gewesen sei, dass Ingo ein Hitler-Bild verbrannt habe. Sein Ausstieg hat allen wieder ein richtiges Feindbild verschafft. Alle fühlten sich plötzlich wieder als überzeugte »Nationalsozialisten«.

Überall in Berlin-Friedrichshain und Lichtenberg klebten Flugblätter mit seinem Bild, darunter die Aufforderung »Schlagt ihn!« und die Warnung, Hasselbach sei ein »Agent des Staatsschutzes«. Fast jede Nacht schlichen sich Nazis in ihr Hochhaus, sprühten die Wände voll und hätten sogar ihr Türschloss verklebt. Verantwortlich sei ein »Kommando Horst Wessel«. Überall sei zu lesen »Ingo Hasselbach, wir kriegen dich!« oder »Verräterschwein!«.

Zurück in Berlin, lebt Ingo Hasselbach zumeist in Kreuzberg in der Wohnung eines Bekannten und wagt sich nur in der Nacht kurz zu seiner Mutter. Seine Schwester wird in einer Kneipe von einem seiner ehemaligen »Kameraden« beschimpft und geschlagen, weil sie nicht verrät, wo ihr Bruder sich aufhält. Sie traut sich kaum noch allein auf die Straße. Nach diesem Vorfall distanziert sich auch Jens, Ingos Bruder, von der braunen Szene.

Was war für seinen Ausstieg am wichtigsten? Wenn man Ingo Hasselbach heute danach fragt, muss er nicht lange überlegen: »Dass ich mich mit einigen noch unterhalten konnte, die für mich eigentlich schon abgeschrieben waren. Ich hatte Angst, ich würde bis an mein Lebensende so weitermachen.« Er weiß nicht, welches genau die Stationen waren, die zu seinem Entschluss, ganz auszusteigen, geführt haben. Im Gegensatz zu vielen seiner Freunde ist er aber in der Lage gewesen, seine Situation realistisch einzuschätzen, sich über die Folgen seiner Taten klar zu werden. Eine Rolle spielte auch, dass er als ehemaliger Nazi-Anführer genug Erfahrungen mit den Medien hatte, um sie für seine Zwecke einsetzen zu können. Aber er sah auch die Folge: Weil er seinen Ausstieg öffentlich verkündete, zwang er sich selbst, konsequent zu sein.

Das Leben nach dem Ausstieg ist für Ingo Hasselbach mehrere Jahre eine Art Rallye durch alle Fernsehsender und Zeitungen weltweit. Er war der erste mediengerechte Nazi aus dem Osten, aus der ehemaligen DDR, und der erste mediengerechte Aussteiger. Viele versuchten ihn zu vermarkten. Und er brauchte lange, um zu erkennen, mit wem er wirklich befreundet sein konnte und wer ihn nur ausnutzen wollte. Und natürlich spielte er das Spiel professionell mit: Von einem Aussteiger wird erwartet, dass er permanent im Untergrund lebt, womöglich im Ausland, dass er in der

Gefahr lebt, von seinen ehemaligen Gesinnungsgenossen behelligt zu werden. Aber auch das ist oft Pose und Inszenierung. Doch wer sich selbst beobachten kann, erkennt in der eigenen Pose sich selbst wie in einem Zerrspiegel. Und das befähigt zur Selbstkritik – der erste Schritt, sich zu verändern.

Nolde in seiner Zeit als Neonazi; mit seinem Sohn

 # Detlef Nolde

Detlef Nolde ist ein hagerer Mann mit Kurzhaarschnitt, stramm gescheitelt und sauber ausrasiert. Wer ihn nur flüchtig kennt, hält ihn für hart, distanziert und unzugänglich. Kein Wunder, denn Nolde war lange Zeit einer der wichtigsten Neonazi-Anführer in Berlin. Auf vielen Flugblättern der Antifa wird er als Drahtzieher in der Szene bezeichnet, als Chef diverser »Kameradschaften«, als Initiator der so genannten »Anti-Antifa«, die politische Gegner ausspioniert. Auf Bildern in Zeitungen ist Nolde zu sehen, wie er mit Koppel und schwarzer Uniform Fahnen der verbotenen »Freiheitlichen Deutschen Arbeiterpartei« (FAP) trägt oder auf Neonazi-Demonstrationen in vorderster Reihe marschiert.

Doch wenn er über sein vergangenes Leben erzählt und sich an einige Ereignisse in jüngster Zeit erinnert, verwandelt Detlef Nolde sich: Seine Augen werden feucht, er kann sogar, wenn er seinem Gesprächspartner vertraut, weinen, ohne dass er sich dafür schämt. Nolde ist ein Aussteiger aus der Nazi-Szene. Was er erlebt hat, würde manch anderen Menschen brechen, ihn zu Grunde gehen lassen. Und es war so, dass er mit seinem Leben abgeschlossen hatte. Er empfindet seinen Ausstieg als einen seelischen Höllentrip, ohne öffentlich sichtbare Dramatik, ohne dass ihn sensationslüsterne Medien begleitet und kommentiert hätten.

Und niemand aus der rechten Szene kann nachvollziehen, warum Detlef Nolde keine Neonazi mehr ist. Nolde war immer der Überzeugteste, der Fanatischste, derjenige, der immer an »die Sache« glaubte, ohne jemals zu zweifeln.

Er besitzt einen prallen und penibel sortierten Aktenordner: Jeder Zeitungsbericht über ihn, als er Neonazi war, jedes Flugblatt, das er geschrieben hat, jede Gerichtsakte ist hier aufbewahrt. »Ich habe ein Drittel meines Lebens der Doktrin ›Adolf Hitler‹ geopfert«, sagt er. Er hat dutzende von Seiten voll geschrieben, als müsse er sich auf diese Weise von einer schweren Last befreien: »Zehn Jahre Neonazi-Führer – die Geschichte des Detlef Nolde.«

Detlef Nolde wird am 28.12.1969 in Berlin-Johannisthal im Ostteil der Stadt geboren. An seine ersten Lebensjahre kann er sich kaum oder nur verschwommen erinnern. Seine Eltern trennen sich, als er noch ein Baby ist. Seine Schwester wohnt ohnehin bei der Großmutter; Detlef wächst als Einzelkind bei der Mutter auf. Wer sein Vater ist, weiß er nicht. Als Junge fragt er manchmal nach ihm, doch er bekommt keine Antwort, die ihm wirklich Auskunft gibt. Er ist damit zufrieden. »Andere haben einen Vater«, sagt er sich, »also werde ich wohl auch einen haben.« Er vermisst ihn nicht, weil er nicht weiß, wie es ist, einen Vater zu haben.

Seine Mutter bemüht sich redlich, ihm ein harmonisches Heim zu bieten – obwohl sie darunter leidet, oft den ganzen Tag arbeiten zu müssen und kaum Zeit für ihren Sohn zu haben –, doch zwischen ihnen entsteht keine tiefe Verbindung; die Mutter ist nicht seine Vertraute. Detlef ist verschlossen, manchmal ist es so, dass Mutter und Sohn sich gegenseitig anschweigen. Heute meint er, ihm habe »eine vertraute Person gefehlt, die mich angenommen und sich für mein Innerstes interessiert« hätte, die ihm zugehört und einen positiven Halt geboten hätte. Als Junge empfindet er seine Mutter als sehr dominant, ihre – für ihn übertriebene – Fürsorge mag er nicht.

Oft besucht er seinen Großvater. Im Zweiten Weltkrieg war der bei der Luftwaffe gewesen, als Kriegsfreiwilliger; er ist in Afrika verwundet und danach entlassen worden. Der Opa hat als Folge der Verletzung ein steifes Bein, liegt oft für Stunden im Bett und ist froh, wenn er Gesellschaft bekommt. Auch Detlef freut sich, wenn er bei ihm sein kann. Der Großvater besitzt viele Bücher, die den Krieg beschreiben. Und der Junge nimmt gierig alles auf, was er von dieser, wie er meint, aufregenden Zeit erfahren kann. Zu Hause gibt es keinen Lesestoff, der ihn interessiert. »Ich habe meinen Großvater geradezu gelöchert«, erinnert er sich, »ich wollte alles über dieses Damals von ihm wissen. Mein Großvater war der Erste«, meint Nolde, »der mich mit seinen Reden, mit Texten und Bildern ungewollt an den Nationalsozialismus heranführte.«

In der Schule schlägt sich Detlef mehr schlecht als recht, er ist unauffällig, macht keine Probleme. Er mag jedoch nicht, wenn ihm jemand sagt, was er tun und lassen – was er denken soll. So findet er an den Erzählungen des Großvaters vor allem interessant, dass sie dem, was er in der Schule über diesen Abschnitt der deutschen Geschichte lernt, widersprechen. Die Zeit des Nationalsozialismus, so anschaulich vorgetragen von seinem Großvater, fasziniert ihn bald mehr als alles andere. Detlef weiß damals noch nicht viel Grundsätzliches darüber, aber er merkt schnell, dass niemand gern ausführlicher über die Zeit von 1933 bis 1945 redet. Als er aus emotionaler Begeisterung ein Bild von Hitler und Goebbels und eine kleine Hakenkreuzfahne in seinem Kinderzimmer aufhängt – beide aus einem Geschichtsbuch ausgeschnitten –, sind diese am nächsten Tag verschwunden. Seine Mutter hat alles schnell weggeschafft. Detlef beschwert sich, doch sie geht einer Diskussion darüber aus dem Weg.

Das letzte Schuljahr, 1986, schließt Detlef Nolde mit einer »Eins« in Staatsbürgerkunde ab, ein stark ideologisch geprägtes Fach der DDR-Schulen. Die hervorragende Note wird begründet mit dem Satz, der Schüler habe sich »ausgiebig mit der sozialistischen Weltanschauung befasst«. Doch die Wahrheit sieht anders aus. Der 17-Jährige hält sich mit seiner wahren Meinung zurück: Er sieht die Gesellschaft, die ihn umgibt, kritisch, fühlt sich gefangen, schikaniert und bespitzelt, und er verfolgt im Fernsehen jeden Bericht über Leute im Westen, die Gegner der DDR sind. Mit Spannung sieht er Reportagen über die Neonazis in der Bundesrepublik, vor allem über Michael Kühnen. Jeden Satz, den dieser in den Medien von sich gibt, saugt Detlef begierig in sich auf. »Wenn die wüssten, was du wirklich denkst!«, kommentiert er insgeheim die Beurteilung der Schule.

Nolde schafft sich seine eigene kleine Welt, von der er niemandem etwas erzählt, weder seiner Mutter noch seinem Großvater. Im Alter von 17 Jahren fühlt er sich schon vage als Nationalsozialist, obwohl er niemanden sonst kennt, der seine Meinung teilt. Er wagt auch nicht zu fragen, weiß nicht, wie er Kontakt zu anderen finden könnte, die ähnlich denken.

Unmittelbar nach der Schule beginnt Detlef eine Lehre als Zimmerer. In dieser Zeit lernt er Menschen kennen, die ganz anders sind als er selbst, Mitglieder der DDR-oppositionellen kirchlichen »Jungen Gemeinde«, Punks und so genannte »Anarchos«. Er fährt mit zu den Konzerten ihrer Bands und trampt sogar quer durch das Land. Ihm gefällt, dass seine neuen Bekannten ablehnen, was auch er als »verlogen, spießig und bedrückend« am Alltag der DDR empfindet. Doch er teilt ihre politische »linke« Meinung nicht. Er bleibt seiner verschlossenen, einsamen Welt verhaftet und lässt sich durch das Lebensgefühl der anderen nicht beeinflussen. Nur selten verrät er jemandem, dass er sich als »nationaler Sozialist« fühlt und Hitler und andere Nazi-Größen als Vorbilder hat. Die Gesellschaft, die er sich erträumt, soll so sein wie Deutschland unter den Nationalsozialisten, wie er, Nolde, sich das aus den Büchern über diese Zeit unkritisch zusammengelesen hat: eine Volksgemeinschaft, in der der Einzelne sich unterordnet, die vorgebliche »Feinde« und »Störenfriede« unterdrückt, eine Gesellschaft, deren Weltanschauung die Deutschen für besser erklärt als alle anderen Menschen auf der Welt.

Nur mit einem diskutiert er intensiv: Tim, mit dem er sich am besten versteht und der politisch genau das Gegenteil von ihm denkt. Aber an Tim gefällt ihm, dass für ihn Arbeit nicht das »Leben an sich« bedeutet, wie es in der DDR indirekt zumeist propagiert wird, dass er nicht angepasst ist. Auf einem Foto stehen beide, zusammen mit den Arbeitskollegen, nebeneinander: Beide tragen schwarze Kleidung, Detlef hat einen Seitenscheitel, Tim einen Pferdeschwanz, Ersterer ein SA-Koppelschloss, Letzterer ein Koppelschloss der sowjetischen Soldaten.

Die Freunde halten sich auch zurück, wenn die offizielle Politik etwas von ihnen verlangt. Beide sind auf ihrer Arbeitsstelle abwechselnd Leiter der Gruppe »Freie Deutsche Jugend« (FDJ). Die geforderten politischen Versammlungen finden während der Arbeitszeit statt, am Nachmittag, kurz vor Arbeitsschluss, was die beiden Freunde dazu nutzen, diese nach der Begrüßung schnell wieder zu beenden, um nach Hause oder in die nächste Kneipe zu ziehen. »Politische Arbeit in der FDJ fand hier nicht statt«, sagt Nolde heute, »und niemand versuchte uns zu indoktrinieren. Das hätte ja auch von uns als Leitern der Gruppe kommen müssen.«

Während der Lehrzeit trifft er zum zweiten Mal seinen leiblichen Vater. Nachdem er immer wieder seine Mutter gedrängt hatte, ihm etwas über ihn zu erzählen, hatte die schon einmal, als Detlef 14 Jahre alt war, ein Treffen arrangiert. Der Vater meldete sich danach jedoch nicht mehr. Als sie sich zum zweiten Mal gegenüberstehen, scheint sein Vater offen mit seinem Sohn reden zu wollen. Die beiden trinken ein Bier zusammen, aber sie finden nicht zu einem wirklichen Gespräch. Als Detlef vorsichtig beginnt, über seine politischen Ideen zu reden, blockt sein Vater völlig ab. Mit diesen Ansichten dürfe er ihn nicht mit zu sich nach Hause nehmen, zu seiner Familie, sie würden niemanden dort dulden, der sich mit der Nazi-Ideologie in dieser Weise beschäftigt. Detlef hat nach dem Gespräch das Gefühl, der Vater habe sich schon frühzeitig zwischen ihm, seinem Sohn, und seiner Familie entscheiden müssen – und die Wahl sei gegen den Sohn ausgefallen.

Als Neonazis und Hooligans 1987 in einer spektakulären Aktion »linke« Konzertbesucher in der Berliner Zionskirche überfallen, merkt Detlef Nolde, dass er und sein Freund Tim nicht auf derselben Seite stehen. Tim und seine Freundin haben am Konzert teilgenommen und drinnen in der Kirche versucht, sich des Überfalls der Rechten zu erwehren. Nolde kennt keinen der Angreifer, weil er noch keine Kontakte zur »Szene« hat. Auch lehnt er Skinheads und Hooligans ab, weil die ihm zu undiszipliniert und »unordentlich« sind. Doch insgeheim sympathisiert er mit den Tätern, weil er die wie sich selbst ins rechte politische Spektrum einordnet. Heute kann er über seine damalige Meinung nur den Kopf schütteln: »Ich stellte mich gegen meinen Freund und bewegte mich hin zu Leuten, die ich eigentlich wegen ihrer Gewaltanwendung ablehnte – die Ideologie wollte es so.«

In den folgenden Wochen wird der Kontakt zu Tim und den Kollegen schwächer. Mehr aus Langeweile, ohne wirklich andere Leute treffen zu wollen, besucht Detlef Nolde die Kneipen in seiner Wohngegend. Dann lernt er, während einer Fahrt, die er mit seiner »Lehrbrigade« unternimmt, eine Frau aus Hoyerswerda kennen, in die er sich verliebt. Sie verbringen einige Wochen zusammen. Die junge Frau merkt schnell, welche Ideen ihr neuer Freund vertritt, sie versucht aber nicht, ihn davon abzubringen. Sie fährt allein nach Auschwitz, und nach dem Besuch des Konzentrationslagers – offenbar unter dem dort gewonnenen Eindruck – trennt sie sich von Nolde. Auf den hat das keine Wirkung. Ganz im Gegenteil. Er will jetzt endlich Gleichgesinnte finden, um sich über das auszutauschen, was ihn seit Jahren beschäftigt: Er will andere »nationale Sozialisten« finden, die so denken wie er.

Denen begegnet er in einem Lokal, das als Treffpunkt der rechten Szene im Osten Berlins gilt. Die Leute sind zwar keine überzeugten Neonazis und auch nicht organisiert, aber sie sympathisieren mit rassistischen und antisemitischen Ideen. Schnell gelingt es Nolde, Kontakt zu ihnen aufzubauen und sie für seine Ziele einzuspannen. Endlich konnte er, wie er das heute einschätzt, »effektiver und offener« seine Ideen verbreiten. Er will aus dem »lockeren Haufen« rechter Jugendlicher und Erwachsener eine Truppe formen. Die meisten Aktionen jedoch, die bald folgen, macht er noch allein. In vielen Nächten fertigt er Propagandamaterial an, lässt Flugblätter in Telefonzellen und in der S-Bahn liegen, klebt Zettel an Wände, die den Geburtstag Adolf Hitlers verherrlichen, wirft seine Blätter in Briefkästen im Stadtteil Berlin-Treptow, wo er jetzt wohnt, und schreibt anonyme Leserbriefe an Zeitungen. Die neuen Bekannten ködert er damit, dass er eine »Kameradschaft« gründen will. Er hat zwar zu niemandem aus der kleinen Nazi-Partei der westlichen Bundesrepublik persönlichen Kontakt, kennt aber deren Propaganda und will dem nacheifern. Doch kaum jemand, den er kennt, will, was ihm vorschwebt – eine straff organisierte und disziplinierte »Kameradschaft«. Die Gruppe existiert – noch – nur auf dem Papier und im Kopf Detlef Noldes.

Und ein weiterer Gedanke keimt in ihm: Er will die DDR verlassen. Er glaubt, nur im Westen so leben zu können, wie er es will. Seine Freundin hat sich von ihm getrennt; sie hat gemerkt, dass sie ihn nicht ändern kann, dass seine Ideologie eine so starke Macht über ihn besitzt, dass er alles andere für weniger wichtig hält. Sein Äußeres zeigt seine Meinung. Die Polizei nimmt ihn mit auf die Wache und befragt ihn, warum er Stiefel, eine braune Lederjacke und einen schwarzen Schlips trage – er sehe aus wie jemand aus der Zeit des Nationalsozialismus. Genau darum hat er diese Kleidung gewählt, gibt es aber nicht zu. Die Polizisten entlassen ihn – nur sein Koppelschloss wird beschlagnahmt.

Er beginnt Pläne zu schmieden, wie er flüchten könnte. Ein Jahr vor dem Fall der Mauer fährt er nach Pankow zur Brehmestraße, die direkt an der Grenze liegt. Er hat sich die Gegend auf einem Stadtplan vorher genau angesehen, will sich weiter umsehen. Doch sein Vorhaben ist naiv. Schon nach wenigen Metern, die er die Straße entlanggeht, wird er verhaftet. Ein stundenlanges Verhör folgt, man unterstellt ihm – im DDR-Verständnis zu Recht – einen Fluchtversuch. Wegen »Verletzung des Grenzgebiets« muss er eine Geldstrafe bezahlen.

Auf solche Weise kann er seine Flucht also nicht bewerkstelligen. Im April 1989 dann erhält er den Befehl, sich für den Dienst im Militär mustern zu lassen. Als er gefragt wird, welche Waffengattung er vorzöge, antwortet er prompt: »Grenztruppen.« Er hat für sich beschlossen, dass dies der einzige Weg ist, das Land verlassen zu können, weil er nur so unauffällig in die Nähe der Grenze gelangen würde. Falls die Behörden seinem Wunsch, bei den Grenztruppen zu »dienen«, nicht entsprechen können, so sagt sich Nolde, muss und wird er sich dem Dienst an der Waffe total verweigern. Für diesen Fall ist er schon vor seiner Musterung zur Umweltbibliothek in Berlin-Prenzlauer Berg gegangen, einem Treffpunkt für viele Oppositionelle der DDR. Die Mitarbeiter dort verhelfen ihm zu einem Treffen mit dem Rechtsanwalt Wolfgang Schnur, der sich später, nach dem Ende der DDR, als Agent der Staatssicherheit entpuppt. Schnur soll eingreifen, falls er, Nolde, wegen seiner geplanten Wehrdienstverweigerung verhaftet würde.

Es geschieht das, was Detlef Nolde befürchtet hat: Er soll zu den Pionieren – und nicht an die Grenze. So zieht er nach der Musterung seine vorbereitete Erklärung aus der Tasche und sagt, dass er sowohl den Dienst an der Waffe ablehne als auch den Dienst als Bausoldat – die Zivildienstleistenden der DDR. Er gibt seine »pazifistische Grundeinstellung« als Motiv an. »Das war natürlich gelogen«, gibt er heute zu, »ich wollte nur auf keinen Fall in diese Armee, sondern nur meinen Plan zur Flucht umsetzen.« Ihm wäre es lieber gewesen, man hätte ihn als Totalverweigerer verhaftet und irgendwann in den Westen abgeschoben.

Doch niemand kümmert sich in den folgenden Tagen und Wochen um ihn, niemand holt ihn ab, um ihn zum Dienst zu zwingen. So viele junge Männer verweigern sich der Einberufung, dass die Behörden der untergehenden DDR es unterlassen, diese noch zu behelligen. Nolde versucht einen anderen Weg: Er kauft sich ein Flugticket nach Ungarn, inklusive Rückflug, um keinen Verdacht zu erregen. Er will von Budapest aus nach Österreich fliehen. Am 17. Juni 1989 – dem »Tag der deutschen Einheit«, wie er in der Bundesrepublik gefeiert wird – geht Detlef Nolde zusammen mit einem Bekannten zum Berliner S-Bahnhof Ostkreuz. Die Staatssicherheit ist an diesem Tag überall präsent und verhaftet prophylaktisch zahlreiche Jugendliche, um keine »Unruhe« in Ost-Berlin aufkommen zu lassen. Auch Noldes Begleiter wird völlig grundlos plötzlich von kräftigen Männern umringt und festgehalten, er soll »zugeführt« werden. Es kommt zu einer Rangelei. Detlef ist wütend und versucht, seinen Begleiter zu befreien. Dabei dringt er auf einen der Polizisten ein und schlägt ihn nieder. Bald darauf sitzt er in Untersuchungshaft.

Er ist zutiefst enttäuscht von sich selbst, dass er sich zu einer Gewalttat hat hinreißen lassen. Er weiß, dass er den Flug ins Ausland jetzt vergessen kann und dass ihm auch niemand mehr seine vorgeblich »pazifistische Haltung« abnehmen wird. Aber seine Mitgefangenen gefallen ihm: Alle sind »rechtsradikal« eingestellt, wie er heute sagt, und empfänglich für seine Ideen. Endlich hat er jemanden, der ihm zuhört. »Ich machte dort offen Propaganda und bekam keine Probleme dadurch.« Er wird zu sechs Monaten Haft verurteilt, wegen »Rowdytums« und »Widerstands gegen die Staatsgewalt«. Im Gefängnis erfährt er, dass seine Mutter und seine Schwester inzwischen in den Westen geflohen sind. Sie hatten ihn über ihr Vorhaben nicht unterrichtet. Am 14. Dezember 1989 kommt Nolde wieder frei. Er will nicht in die leere Wohnung der Mutter in Berlin-Johannisthal, sondern beschließt, in den Westen Berlins überzusiedeln. Die Mauer hat sich geöffnet.

Detlef Nolde wohnt im Arbeiterbezirk Berlin-Wedding. Sofort nimmt er Kontakt zur Partei »Deutsche Volksunion« (DVU) und zur Nationaldemokratischen Partei (NPD) auf. Man lädt ihn zu Veranstaltungen ein. Da er einer der ersten ehemaligen DDR-Bürger ist, die dort auftauchen, wird er freudig begrüßt und willkommen geheißen. Er bekommt auch recht bald eine Aufgabe. Weil die Neonazis aus dem Westen kaum Kontakte im Osten haben, soll Nolde dort die »Mitteldeutschen Nationaldemokraten« aufbauen – eine Tarnorganisation der NPD. Nolde schart schnell eine Gruppe von Sympathisanten um sich und zieht sogar, um seine politischen Ideen besser umsetzen zu können, wieder nach Berlin-Johannisthal.

Seine erste Demonstration als bekennender und jetzt organisierter Neonazi erlebt Nolde am 1. Mai 1990 in Leipzig. Er und seine »Kameraden« von der Ost-NPD werden von Linken mit Steinen und Flaschen empfangen und von der Polizei durch die Stadt gejagt. Das schweißt die Gruppe zusammen. Ihre Gegner sind für sie – so denken sie – Leute, die die DDR und das Regime der SED wieder etablieren wollen. Die Rechten versuchen daher mit aller Macht zu verhindern, dass diese Linken etwas zu sagen haben in der neuen ostdeutschen Gesellschaft.

Jetzt löst eine Veranstaltung die andere ab, überall ist Detlef Nolde dabei. Burschenschaftstreffen in Eisenach im Juni 1990: Mehr als 200 Neonazis der NPD und ihrer Jugendorganisation treffen sich an der Wartburg und feiern zusammen mit Korpsstudenten und deren »Alten Herren«. Kundgebung der NPD in Görlitz im August: 100 Rechtsradikale fordern ein »Bundesland Schlesien«. Anschließend ziehen sie zur Grenze und prügeln sich dort mit der polnischen Polizei. Demonstration vor der sowjetischen Botschaft in Berlin: Neonazis fordern »Freiheit für Litauen«. Großveranstaltung der DVU in Passau im Februar 1992: Zwei Passanten werden auf offener Straße zusammengeschlagen, Scheiben gehen zu Bruch. Die Rechten versuchen, ein linkes Jugendzentrum zu erstürmen. Mehr als 60 Neonazis werden festgenommen. Rudolf-Hess-Demonstration in Bayreuth: Auf der Rückreise greifen Neonazis an mehreren Autobahnraststätten Menschen an, die sie für »Linke« halten, schießen Leuchtraketen ab und demolieren Busse. »Heldengedenkmarsch« am Soldatenfriedhof im brandenburgischen Halbe: Detlef Nolde marschiert bei der militanten »Nationalistischen Front«. Fahrt nach Österreich zu einer Vortragswoche der neofaschistischen »Deutschen Kulturgemeinschaft«. Besuch der Weitlingstraße und dort ein »Arbeitstreffen« mit dem Hamburger Neonazi Christian Wulff, »um die Möglichkeiten einer Zusammenarbeit zu prüfen«. Ganz gleich, um welche der vielen kleinen Organisationen und sektenähnlichen Nazi-Gruppen es geht: Detlef Nolde mischt an prominenter Stelle mit: bei der NPD und den »Jungen Nationaldemokraten« (JN) ohnehin, bei der DVU, bei der »Freien Arbeiterpartei Deutschlands« (FAP). Zur ersten Bundestagswahl nach der Wiedervereinigung kandidiert er als NPD-Kreisvorsitzender Ost-Berlin und als solcher im Landesvorstand der NPD.

Aber er ist mit dieser Art politischer Arbeit nicht zufrieden. Die NPD und JN sind ihm zu lasch. Er definiert sich als Nationalsozialist im Sinne Hitlers, und die NPD ist ihm zu vorsichtig, um sich offen zu dieser Weltanschauung zu bekennen. Nolde beschwert sich über die »Anti-NS-Töne« einzelner Nationaldemokraten. Er hält nichts von Taktiererei und fühlt sich persönlich angegriffen, wenn ihn jemand als einen »NS-Nostalgiker« bezeichnet. Detlef Nolde ist ein waschechter, überzeugter Neonazi, der sich seine krude Ideologie autodidaktisch beigebracht hat. Er hält sich für »führertreu« und will keinen Millimeter von dem abweichen, was er unter der »reinen Lehre« des Nationalsozialismus versteht. Das macht ihn gefährlicher als diejenigen, die sich Meinungen von anderen vordenken lassen, die Mitläufer, die alles nachplappern, was ihnen erzählt wird. Die NPD versucht zu dieser Zeit in der Öffentlichkeit noch den Eindruck zu erwecken, ihr Programm und ihre Ziele hätten mit der Weltanschauung Hitlers und der NSDAP des Dritten Reiches nichts zu tun. So distanzieren sie sich von eingefleischten und fanatischen Hitler-Verehrern wie Detlef Nolde. Der aber hält nichts von dieser Taktik. Aus Überzeugung legt er seine Parteiämter in der NPD Anfang 1992 nieder und tritt aus.

Nolde sucht eine Organisation, die seine Ziele vertritt. Er will ein nationalsozialistisches Regime errichten – getreu dem historischen Vorbild. Kühnen und dessen Anhänger schließt er aus, auch Nolde hat dessen Schrift »Homosexualität und Nationalsozialismus« gelesen. Das ist nichts für ihn. Während er lose Kontakte zur »Nationalistischen Front«(NF) entwickelt, nimmt die Gruppe von Ultrarechten um ihn feste Konturen an. Sie nennt sich »Kameradschaft Johannisthal« und besteht aus ungefähr zehn Männern. Ihr Anführer plant, seine »Kameraden« irgendwann in die »Nationalistische Front« einzugliedern, weil seine

Kontakte zu denen nach seinem Austritt aus der NPD noch am engsten sind. Die NF benutzt, im Gegensatz zur NPD, vermeintlich »linke« Parolen und propagiert eine Art »Nationalbolschewismus«. Aber überzeugt von dieser Art eines »linken« Nationalismus ist Nolde nicht. Ihm reicht es aus, wenn er das Sagen hat und andere weltanschaulich beeinflussen kann. Die »Kameradschaft« fährt am Wochenende nach Anweisung Noldes ins Umland, damit sich niemand langweilt; er lässt sie in der Nähe von Halbe, wo in den letzten Tagen des Zweiten Weltkriegs eine große Schlacht stattfand, nach alter Munition suchen; die Mitglieder schulen sich an Propagandamaterial und falls einige die aus der »Kameradschaft« jüngere Geschwister oder Kontakt mit Jugendlichen haben, leiten sie an die neonazistische »Wiking-Jugend« weiter, die älteste Jugendorganisation des neofaschistischen Sumpfs, die heute verboten ist. Dort werden die Heranwachsenden mit rassistischen und vor allem antisemitischen Parolen indoktriniert.

Die rechte Truppe macht bald durch Gewalttaten von sich reden. Nicht alle Aktionen sind vorher geplant, aber alle Mitglieder verhalten sich so, wie man es von Neonazis gewohnt ist: Sie bedrohen einzelne Schüler im Stadtteil, versuchen in den Jugendklubs Fuß zu fassen, überall tauchen rassistische Aufkleber auf.

Nolde widmet sich auch seinem Privatleben. Er hat wieder eine Freundin, die zieht bald zu ihm in die gemeinsame Wohnung. Der Nazi-Anführer sieht eine Familie als »Mittel zum Zweck«, so erinnert er sich heute. Er definiert sie damals als Methode der »Arterhaltung«, wobei er mit »Art« nicht den Menschen, sondern das »Germanentum« meinte.

Sein oberstes Motto sei die Nazi-Parole gewesen: »Du bist nichts, dein Volk ist alles.« Seine Freundin und spätere Frau teilt Noldes politische Meinung in abgeschwächter Form, sie ist nicht aktiv, nimmt aber die fanatischen Ideen ihres Mannes billigend in Kauf.

1993 tritt der Anführer der Johannisthaler Neonazis der FAP bei. Diese Organisation war in Berlin mehr durch Randale als durch Propaganda aufgefallen. Die Anführer der Partei, allen voran ihr langjähriger Chef Friedhelm Busse, äußerten sich deutlich über ihre politischen Ziele: Politisch Andersdenkende galten als »Feinde«, die nach einer Machtübernahme in Deutschland zu erschießen seien. Zu den Feinden gehörte unter anderem jeder Polizist, der eine Demonstration der Rechten be- oder verhinderte, Journalisten, die eine »multikulturelle Gesellschaft« propagierten, und jeder, der in den Augen der Neonazis kein Deutscher, sondern »Ausländer« war – also auch dunkelhäutige Deutsche. Die FAP war eine Organisation für »Stiefelfaschisten«. Man muss sich fragen, warum Nolde nicht, wie viele andere Neonazis, in der NPD geblieben ist, um dort für seine Ziele zu werben und diese Partei aus eingefleischten Rassisten und Antisemiten noch radikaler, noch mehr im Sinne des Nationalsozialismus zu formen. Darauf gibt es nur eine Antwort: Er ist lieber Herr seiner eigenen kleinen Gruppe als Mitglied einer größeren Partei, wo er sich den etablierten Neonazi-Kadern hätte unterordnen müssen. Nur wenn er allein bestimmen kann, welche Ziele die Gruppe vertritt, die sich ihm unterordnet, ist er zufrieden. Und Detlef Nolde ist so fanatisiert, dass er sich immer für die radikalste Gruppe entscheidet.

Aufmarsch der FAP in Bayreuth

Die »Kameradschaft«, die Nolde anführt, ist nichts anderes als die Ortsgruppe Treptow der FAP. Nolde wird bald zum »Ortsgruppenleiter« gewählt und ist somit im Landesvorstand der FAP. Er organisiert weiter Schulungen, einen Aufmarsch der FAP mit Trommeln, Uniformen und Standarten im Berliner Bezirk Prenzlauer Berg, taucht mit seiner Truppe in Cottbus auf, um dort – in Konkurrenz zum einheimischen Neonazi Frank Hübner – bei der Kommunalwahl eine Ortsgruppe der FAP aufzubauen. Nolde pflegt Kontakte mit allen Nazi-Anführern und Organisationen in ganz Deutschland.

Was treibt ihn zu diesem »Engagement«? Er ist inzwischen verheiratet, mit einer Frau, die zu ihm hält, und 1994 wird sein erster Sohn geboren. Den will er zum »nationalen Sozialisten« erziehen, wie er sich selbst erzogen hat. Er bemüht sich, ein guter Familienvater zu sein, will sich nicht, wie sein leiblicher Vater, vor der Verantwortung drücken.

Warum verausgabt er sich aber für eine Sache, die in den Augen der Mehrheit der Bevölkerung – zu Recht – nicht die geringste Unterstützung findet? Glaubt er ernsthaft, seine Mitmenschen von den wirren Ideen Hitlers und der NSDAP überzeugen zu können? Glaubt er an eine Neuauflage des »Dritten Reiches«? Glaubt er die antisemitischen Verschwörungstheorien, die in seinen Kreisen im Umlauf sind?

Seine politischen Ideen sind so fest wie die eines religiösen Sektierers. Seit 1990 ist Detlef Nolde endgültig in das ultrarechte Milieu eingebunden. Er lässt sich nur selten bei Straftaten erwischen, aber er ist einer der gefährlichsten Hetzer und Drahtzieher im Hintergrund, ein Organisator, der junge Leute manipuliert, deren zum Teil vage Sympathien für nationalistische, rassistische und antisemitische Ideen ausnutzt und sie politisch formt. Er glaubt zu wissen, was gemacht werden muss. Er hat keine Zweifel, weil er seit früher Jugend an nichts anderes geglaubt hat als an diese »Ideologie«. Seine Weltanschauung, die er sich früher selbst aus Versatzstücken und Büchern zusammengesucht hat, scheint für ihn selbst nur Vorteile zu haben: Wenn er angegriffen wird, bestätigt es ihn, in einer Welt voller Feinde zu leben. Es bestätigt ihn in seiner Überzeugung, einer verschworenen Gemeinschaft anzugehören, die den vermeintlichen Irrglauben der Mehrheit nicht teilt. Er kämpft für ein Ziel, für das »große Ganze«, das Volk, so wie er sich das vorstellt, und das wird ihn, so seine Hoffnung, dafür irgendwann belohnen. Der Lauf der Geschichte, so glaubt er, werde beweisen, dass er mit seinen Ideen Recht hat, dass nur eine Wiederkehr des Nationalsozialismus Deutschland vor dem Untergang retten werde.

Er will sein Leben für »die Sache« opfern. Niemand würde ihn mit Argumenten erreichen. Was seiner Meinung widerspricht, tut er als unwichtig ab, ja, er nimmt abweichende Meinungen erst gar nicht zur Kenntnis. Warum sollte er auch? Er hat seine »Kameraden«, die ihn bestätigen, die jüngeren bewundern ihn, befolgen das, was er vorschlägt. – Das alles treibt ihn.

Dennoch bleibt er einsam und ein Einzelgänger. Er hat keine Freunde, nur »Kameraden« und Kumpel. Mit niemandem kann er über das reden, was er denkt, auch nicht mit seiner Frau. Er verschanzt sich hinter der harten und unzugänglichen Maske des von einer Idee völlig überzeugten Anführers, von dem alle glauben, dass nichts ihn erschüttern könnte.

Und je gefährlicher Detlef Nolde in den Flugblättern der Antifa geschildert wird, umso mehr bestätigt sich das Bild, das die Gleichgesinnten von ihm haben – und er von sich selbst. In Wahrheit ist es ganz gleich, in welcher Nazi-Organisation er agitiert. Er braucht nur so viel Freiraum, dass er das Gefühl hat, nicht bevormundet zu werden. Er handelt autonom, ist niemandem Rechenschaft schuldig und macht sich über die Folgen kaum Gedanken. Die Idee ist alles. Wer sich dem nicht beugt, die politischen Gegner, die sich den Nazis in den Weg stellen und Opfer von Gewaltorgien werden – die sind selbst schuld. Sie haben die Größe der Idee noch nicht begriffen. So denkt er damals.

Nolde ist in Berlin bekannt und in der zerstrittenen Szene nicht überall beliebt. Mit dem Chef der Berliner FAP gerät er mehrfach aneinander, weil er sich auch von ihm, der eigentlich sein »Vorgesetzter« in der Partei ist, keine

Vorschriften machen lässt. Am 13. August 1994, dem Todestag des Hitler-Stellvertreters Rudolf Hess, ordnet der Landesvorsitzende der FAP in Berlin an, dass sich die »Kameraden« in Berlin-Spandau versammeln sollten, vor dem Gefängnis, in dem Hess bis zu seinem Selbstmord einsaß. Nolde lehnt diese Aktion ab, »weil so etwas erwartungsgemäß im Polizeirevier endet« – was auch exakt so geschieht. Nolde fühlt sich darin bestätigt, dass die FAP-Führung in Berlin besser auf ihn hätte hören sollen.

Statt des Treffens in Berlin-Spandau hat Nolde etwas anderes vor: Unter den Rechten munkelt man, dass »die Linken« gegen den bekannten Neonazi Arnulf Winfried Priem demonstrieren wollten, der im Berliner Stadtteil Wedding wohnt. Nolde beschließt, dorthin zu gehen, um die »Kameraden« bei einem eventuellen Angriff auf ihn zu unterstützen. Bisher hatte er zu Priem kaum Kontakt, und das will er jetzt ändern.

Arnulf Winfried Priem ist einer der bekanntesten Neonazis Berlins. Er ist von niemandem zu einem »Führer« oder »Kader« ernannt worden. Wer sich aber wie er schon seit über 30 Jahren offen zum Nationalsozialismus bekennt und einschlägig aktiv ist, hat einen Überblick über das gesamte Personal der ultrarechten Szene. Und deshalb trafen sich schon seit 20 Jahren in Priems Wohnung alle, die meinten, in der neonazistischen Szene etwas zu bedeuten. Auch Michael Kühnen war ein enger Vertrauter Priems. Der langhaarige Nazi kokettiert gern mit Militärkleidung, Totenkopf-Stirnband und »I love Eva Braun«-Button, der Frau Adolf Hitlers. Priem, geboren 1950, gelernter Industriekaufmann, stammt aus Berlin-Adlershof, saß in der DDR wegen »Unzucht« und »staatsfeindlicher Propaganda« ein und wurde vom Westen freigekauft. Dort wurde er – wie Nolde – schnell Landtagskandidat der NPD und Mitglied der DVU. Eventuell vorhandene Unterschiede zwischen den neonazistischen Parteien scheinen für Priem keine Rolle zu spielen. Er gründete später in Freiburg die neonazistische »Kampfgruppe Priem«, die 1978, nach seinem Umzug nach Berlin, dort sogar im Telefonbuch zu finden war. Kein Journalist vergaß, in den zahlreichen Artikeln über den redegewandten Nazi-Anführer die Maschinengewehrsalve zu erwähnen, die man auf dessen Anrufbeantworter hören konnte.

Für viele Ost-Nazis wurde Priem eine Art Vaterfigur: Er galt als einer der ihren, hatte schon zu DDR-Zeiten »Rolling Stones« und die SS-Runen auf seinen Arm tätowiert – für ihn offenbar kein Widerspruch – und setzte sich auch sonst über fast jedes gesellschaftliche Tabu hinweg. Seine Wohnung war Anlaufstelle für Waffen-Fetischisten wie Bendix Wendt, der in Priems Wohnung das Rohr einer Wehrmachts-Panzerfaust auf den Tisch knallte, die er in den Wäldern Brandenburgs ausgebuddelt hatte. Im braunen Sumpf der Hauptstadt stritt man sich darüber, ob es »Grabschändung« sei, die Orden der Soldaten auf den »Heldenfriedhöfen« aus den Urnen zu klauen – was Priem vorgeworfen wurde.

Als Einstiegsdroge für die neonazistische Szene bot Priem die Kombination aus neuheidnischem Germanenkult und Waffen an – eine brisante Mischung, die seit 20 Jahren immer wieder gefährliche Folgen hat. Schon 1979 stellte die Polizei in seiner Wohnung ein Maschinengewehr sicher. Im

September 1982 verübten zwei Männer einen Sprengstoffanschlag auf ein von Türken bewohntes Haus in der Weddinger Bellermannstraße. Vor Gericht sagten sie aus, sie hätten sich über die »Kampfgruppe Priem« kennen gelernt. Die einschlägige Biografie Priems erklärt, dass die Polizei, wenn rund um dessen jeweilige Wohnung die rechte Szene aktiv wird, immer mit dem Schlimmsten rechnen muss.

Auch an diesem Tag treffen sich die unterschiedlichsten Personen des NS-Spektrums auf dem Dachboden des Hauses: Detlef Nolde als Vertreter der FAP, mehrere »Kameradschaftsführer«, Neonazis der »Nationalistischen Front«, Oliver Schweigert, der letzte Nazi, mit dem Ingo Hasselbach zu tun hatte, Kay Diesner, der später zum Mörder wird.

Die Neonazis fühlen sich zwei unterschiedlichen »Flügeln« des Milieus zugehörig: die einen haben Michael Kühnen zum Vorbild, in der Nachfolge des SA-Führers Ernst Röhm, den Hitler als seinen Konkurrenten hinrichten ließ, und die anderen, wie auch Detlef Nolde, definieren sich als »hitlertreue, authentische Nationalsozialisten«. Diese merkwürdigen Differenzen spielen im Alltag kaum eine Rolle. Wenn es um Aktionen geht, ziehen die meisten Neonazis an einem Strang.

Als die linken Demonstranten sich vor dem Hause versammeln, als Steine fliegen und jemand vom Dach aus mit einer Zwille auf die Menschen unten schießt, stürmt die Polizei das Haus und nimmt die Neonazis fest, die sich dort verbarrikadiert haben, um sich gegen den nur vermuteten Angriff von Antifaschisten zu verteidigen. Die Beamten stellen 200 Gramm Sprengstoff, mehrere Molotow-Cock-

Arnulf Winfried Priem in seiner Berliner Wohnung

tails und ein umfangreiches Arsenal von Waffen und waffenähnlichen Gegenständen sicher. Journalisten fotografieren Detlef Nolde, wie Polizisten ihn, zusammen mit Priem, in Handschellen abführen. Die Beteiligten werden der »Bildung eines bewaffneten Haufens« angeklagt, ein selten gehörter Tatvorwurf, der sich ein wenig konstruiert anhört, Nolde wird am Schluss der Gerichtsverhandlung zu einer Geldstrafe verurteilt. Der Vorgang um Priem bringt Nolde weitere »Anerkennung« in Berlins rechtem Milieu ein.

In den nächsten Wochen arbeitet Detlef Nolde faktisch gegen die eigene FAP-Organisation, ohne davon großes Aufheben zu machen. Da viele Neonazis aus dem Umkreis der FAP wie er mit dem Berliner Chef unzufrieden sind, bindet Nolde diese in seine Gruppe ein. Die »Kameradschaft Treptow«, die er im Januar 1995 gründet, hat bald über 30 Mitglieder und ist mit Abstand die aktivste und gefährlichste Nazi-Organisation in Berlin. Viele Menschen in Treptow, Johannisthal und Köpenick, den Stadtteilen, in denen die »Kameradschaft« Noldes besonders auffällt, machen sich Sorgen. Sozialarbeiter und Antifaschisten versuchen, die Aktionen der Neonazis zu beobachten, um zu verhindern, dass diese noch mehr Mitglieder werben können. In einer Presseerklärung heißt es: »Grundsätzlich versuchen die Anhänger der rechten Szene jedes Umfeld zu nutzen, in dem sie sich gerade aufhalten. Mitglieder der ›Treptower Kameradschaft‹ haben dies vor allem in Jugendfreizeiteinrichtungen betrieben. Dabei gehe es darum, ein ›kameradschaftliches Gruppengefühl‹ herzustellen, ideologisch zu infiltrieren und gemeinsame Aktionen vorzubereiten – außerhalb der Jugendfreizeiteinrichtungen: gemeinsam gestaltete Freizeit, Demonstrationen, ›Geburtstagsfeiern‹.«

Auch das Verbot der FAP im Februar 1995 ändert an der Lage nur wenig. Die Medien bejubeln zwar das Verbot als »schweren Schlag gegen den Rechtsextremismus«, aber in Wahrheit arbeiten alle weiter wie bisher. Nur die organisatorische »Hülle« ändert sich. Statt der FAP dienen jetzt »Die Nationalen« als Korsett. Deren Leiter Frank Schwerdt, ein ehemaliges CDU- und Republikaner-Mitglied, von Beruf Ingenieur, spendierte sein logistisches Wissen und wohl auch genügend Geld, um in ganz Brandenburg und in Berlin »Kameradschaften« zu gründen und sie mit Propagandamaterial zu versorgen. Unter Schwerdts Federführung entstand auch eine neonazistische Zeitung, die »Berlin-Brandenburger Zeitung« (BBZ). Über sie schreibt die »Tageszeitung«: »Die Berlin-Brandenburger Zeitung ist ein Forum, das im Kern nationalsozialistische, völkische und rassistische Positionen vertritt.« Das Blatt sei das auflagenstärkste der bundesdeutschen Neonaziszene.

Nolde sagt heute, er habe »mit und über den leitenden Redakteur entscheidenden Einfluss auf deren Inhalt« gehabt, nicht nur mit regelmäßigen Artikeln, die er mit seinem Namen unterzeichnete, sondern auch unter Pseudonym oder »mit ausgedachten Leserbriefen«. Die BBZ – die es heute nicht mehr gibt – wirbt eifrig um Abonnenten in allen anderen Nazi-Postillen unter dem Motto: »kritisch! intelligent! national!«. Hier komme die »wirkliche Opposition« zu Wort, die »herrschende politische Klasse« werde herausgefordert, das Blatt habe sich zum wichtigsten »Nachrichtenträger der nationalen Opposition« entwickelt.

Die »Kameradschaft« unter ihrem Anführer Nolde ist sehr aktiv. Die Männer tauchen neben Parteiveranstaltungen der CDU auch bei der PDS auf und versuchen dort, Diskussionen anzuzetteln; sie legen auf Friedhöfen Kränze an Soldatengräbern nieder und verteilen Flugblätter, in denen gegen »marxistische Irrlehren« gewettert wird: »Nur fünf Jahre nach dem Fall der Mauer betreiben die Kommunisten wieder ihre altbekannte Hetze.« »Kommunisten« – das sind für Nolde »Linkskriminelle«, auch antifaschistische Jugendgruppen wie die »Jugend gegen Rassismus in Europa«, die die Gewerkschaften auffordern, gegen Nazis vorzugehen, die PDS ohnehin. Alle sind für vorgeblichen »roten Terror« verantwortlich.

Nolde sagt heute, dass der Einfluss, den er und seine Neonazis im Stadtteil gehabt hätten, in jenem Jahr »auf einem nicht mehr erreichten Höhepunkt« gewesen sei.

Im Oktober 1995 ist Nolde so selbstbewusst, dass er sich als Kandidat der »Nationalen« bei den Berliner Abgeordnetenhauswahlen aufstellen lässt Nolde spricht alle an, die er meint als Sympathisanten identifizieren zu können. Auch Mike Penkert, den er über ein anderes Mitglied seiner »Kameradschaft Johannisthal« kennen lernt und der wenig aktiv ist. Nolde überredet ihn, sich als zweiter Kandidat zur Verfügung zu stellen. Nolde erhält jedoch nur 118 Stimmen. Diese geringe Zahl macht ihm nichts aus. »Die Wahlen waren für mich lediglich die Möglichkeit, Propaganda zu betreiben, was auch reichlich genutzt wurde.«

Jetzt ist Detlef Nolde der wichtigste Neonazi im Osten und Südosten Berlins. Er kann es sich leisten, die von ihm selbst gegründete Gruppe zu verlassen, weil er sich inzwischen Stellvertreter herangezogen hat, die in seinem Sinn agieren. Er plant, im Stadtteil Köpenick eine neue Neonazi-Gruppe aufzubauen. Vorher legt er genau fest, »wer die von mir geschaffenen Ortsgruppen Nord und Süd der Kameradschaft Treptow und weitere Positionen leiten sollte«.

Im August 1996 entsteht die »Kameradschaft Köpenick«. Wieder folgen zahlreiche »Kameradschaftsabende«, Schulungen, Fahrten und öffentliche Propagandaaktionen. Ein Flugblatt mit dem Titel »Um Freiheit und Leben« zeigt einen älteren Mann, mit dem Gewehr im Anschlag, dahinter einen jüngeren in derselben Pose. Das Bild gleicht der NS-Propaganda in den Dreißigerjahren und ist offenbar auch von dort übernommen worden. Nur die Armbinde des einen Mannes wurde geändert: Statt eines Hakenkreuzes sieht man eine andere germanische Rune. Als Verantwortlicher zeichnet Detlef Nolde.

Nolde bleibt rastlos. Das, was er für sich erreicht hat, ist ihm nicht genug. Wenige Monate später verlässt er auch diese »Kameradschaft«, weil er überzeugt davon ist, dass der Nazi-Nachwuchs auch ohne ihn weitermacht. Detlef Nolde will jetzt die »Anti-Antifa« in Berlin-Treptow organisieren. Die »Anti-Antifa« soll politische Gegner ausspionieren und möglichst viele persönliche Daten über sie sammeln: Adresse, private Vorlieben, Fotos. »Es war damals nicht mein Ziel«, so erinnert er sich heute, »die gesammelten Personeninformationen dafür zu verwenden, um unmittelbar gegen diese vorzugehen, sondern nach der ›Nationalen Erhebung‹ sollten alle Feinde der ›Bewegung‹, vom Staatsanwalt bis zum Antifaschisten, vor Ort eingesammelt und in ein Lager abgesondert werden.« Sein Vorbild sei immer das »Dritte Reich« gewesen, insbesondere der Reichstagsbrand, »wo die Zuführungslisten bereits vorlagen«. Er habe sich an der Gestapo orientiert. »Ich unterhielt Kontakte nach Skandinavien und Anti-Antifa-Gruppen im gesamten Bundesgebiet.«

Mit Beginn seiner politischen Arbeit hat Detlef Nolde, so sagt er heute bedauernd, »Ungezählte mit der unseligen NS-Ideologie geimpft, von denen manche noch dabei sind.« Ihm gelingt es zum Beispiel, alle Nazi-Gruppen in einem »Koordinierungsgremium Berliner Kameradschaften« zusammenzufassen. Die Idee stammt von ihm. Alle Anführer sollen sich einmal im Monat konspirativ treffen, um abzusprechen, was zu tun sei.

Welche Folgen die vielfältigen Aktivitäten Noldes haben, zeigt sich nur Monate später. Die Polizei durchsucht die Wohnungen von 17 Mitgliedern der »Kameradschaften« in

Mitglieder der »Nationalistischen Front« beobachten eine antifaschistische Demonstration

Köpenick und Treptow nach verbotenen Aufklebern und anderem Propagandamaterial. Die Ermittler staunen nicht schlecht: Sie finden eine umfangreiche Waffensammlung: Karabiner, abgesägte Revolver und zusätzlich Material zum Bau von Rohrbomben. Ein Versuchsmodell einer solchen Bombe hatten Spaziergänger schon im Oktober im Treptower Park gefunden. Einer der Neonazis, bei dem das brisante Material entdeckt wurde, erklärt, dass die Bomben gebaut werden sollten, um einen Anschlag auf ein Mitglied einer PDS-Jugendorganisation zu verüben. Auf dessen Balkon sollte die Höllenmaschine installiert und präpariert werden.

Nolde sagt aus, er habe einen der Bombenbauer, Patrick D., erst an die organisierte rechte Szene herangeführt. Der interessierte sich zunächst für die Gruppe und wurde als »Mitgliedschaftsanwärter« der »Kameradschaft« instruiert. Nolde ordnete nach einiger Zeit eine »schriftliche und mündliche Prüfung« an, die der Kandidat jedoch nicht bestand.

Nolde weiß heute um seine Verantwortung: »Obwohl ich immer terroristische Aktionen im Rahmen der Gruppe verboten habe, habe ich doch bei beiden die ideologischen Grundlagen mitgelegt, wie mir nun klar geworden ist.« Der Anführer hat Terror nie »offiziell« gebilligt, aber seine Leute haben trotzdem die unterschwellige erkennbare Botschaft der Ideen verstanden – der politische Gegner muss eingeschüchtert, ja unschädlich gemacht werden – und sie sogar umzusetzen versucht.

Am 16. April 1997 wird Detlef Nolde zum Polterabend eines anderen Neonazis eingeladen, Mike Penkert. Nolde kennt Penkert, weil der ebenfalls einer derjenigen ist, die er, Nolde, in das rechte Milieu eingebunden hat. Penkert hat alle »Größen« der rechten Berliner Szene gebeten, zu diesem Fest zu kommen: Oliver Schweigert, Frank Schwerdt, die beiden »Kameradschaftsführer« aus Treptow. Auch aus anderen Städten kommen Gäste, sogar bis nach Wittenberg und in andere Städte des Berliner Umlandes dringt die Kunde von der Party, die im Königsheideweg in einer Gaststätte stattfinden soll. Auch ein Lutz Schillok ist mit von der Partie, ein Neonazi, den man später wiedertreffen wird. Schillok, der schon seit den frühen Achtzigerjahren immer wieder bei rechtsextremistischen Vorfällen beteiligt ist, gilt als jähzornig, ja sogar als paranoid. Jeder in der rechten Szene, der ihn kennt, hat irgendetwas von Schilloks familiären Problemen gehört und davon, dass der Nazi – vor allem dann, wenn er sich »geärgert« hat – mit Alkohol nicht umgehen kann. Schillok wittert überall Verräter und trägt immer einen Dolch bei sich. Niemand kennt ihn genau, weil er ein Einzelgänger ist. Doch er gilt als Saufkumpan und ist immer zur Stelle, wenn sich irgendwo in Berlin Neonazis öffentlich zeigen.

Ungefähr 40 Personen zechen, feiern, grölen neonazistische Lieder, einige betrinken sich sinnlos. Auch Detlef Nolde trinkt so viel, dass er sich an den späten Abend nicht mehr erinnern kann. Erst als er vor einem Auto steht, zusammen mit Schillok, nimmt er die Umwelt wieder einigermaßen wahr. Es ist stockdunkel und kurz nach zwei Uhr. Schillok sagt, er habe eine Mitfahrgelegenheit vom Lokal zum nächsten S-Bahnhof organisiert. Von dort können die beiden Berliner mit öffentlichen Verkehrsmitteln zu ihren Wohnungen gelangen. Die beiden steigen in den Wagen, die Insassen kennt Nolde nicht. Er erfährt, dass es sich um »Kameraden« aus Wittenberg handelt, die nach Hause fahren wollen. Sechs Personen haben sich ins Auto gequetscht, fünf Männer und ein Mädchen. Nolde sitzt auf dem Schoß von Schillok, weil beide ohnehin bald wieder aussteigen wollen. Nolde schläft sofort ein und wird erst wieder wach, als er bemerkt, dass Schillok und zwei andere, die mit ihnen hinten gesessen hatten, ausgestiegen sind. Er liegt quer auf dem Rücksitz. Es scheint einen Streit zu geben, die draußen beschimpfen sich offenbar.

Nolde steigt aus, versucht irgendetwas zu sagen, um die Situation zu beruhigen, aber es fruchtet nichts. Er glaubt, dass sein Zechkumpan Schillok in Gefahr ist, verprügelt zu werden, zieht seine Flasche mit Reizgas aus der Tasche und sprüht in Richtung derjenigen, die er für die Angreifer hält. Wegen seines betrunkenen Zustands und durch den starken Wind, der durch die Straße pfeift, bekommt er einen guten Teil der Tränengaswolke selbst ab. Seine Augen sind ohnehin von der Mischung aus Tabakqualm, Alkohol und Müdigkeit stark gereizt. Er sieht gar nichts mehr, dreht sich um und geht ein paar Meter zur Seite, um nicht noch mehr Tränengas abzubekommen. Was hinter ihm geschieht, so erinnert er sich, habe er nicht bemerkt.

Wenige Augenblicke später tritt Schillok an ihn heran: Er solle mitkommen. Die beiden Neonazis gehen über die Kreuzung. Dann jedoch versteckt sich Schillok in einem Gebüsch. Detlef Nolde begreift immer noch nicht, was mit dem anderen los ist. Er will nur noch nach Hause und seinen Rausch ausschlafen und geht allein weiter. Er kommt nur wenige hundert Meter weit. Mehrere Polizeibeamte umringen ihn und nehmen ihn fest.

Im Polizeirevier in der Bulgarischen Straße, unweit des Ehrenmals für die Rote Armee, versucht er, per Handy seine Frau anzurufen, um ihr mitzuteilen, dass man ihn, ohne ersichtlichen Grund, »verschleppt« hat, wie er das formuliert. Die Beamten entreißen ihm jedoch das Telefon. Einige Stunden später transportiert man ihn zur Polizeizentrale nahe des Flughafens in Berlin-Tempelhof. Dort eröffnen ihm die vernehmenden Beamten, dass es »sehr, sehr schlecht« für ihn aussehe. Immerhin gehe es um einen Doppelmord.

Doppelmord? Nolde fühlt sich, als sei er mit einem Schlag nüchtern geworden. Wer hat wen ermordet? Er denkt zunächst, man wolle ihn provozieren. Ihm sei klar gewesen, so habe er damals gedacht, dass er dem Staat, »gegen den ich über sechs Jahre gekämpft hatte, obgleich legal, ein Dorn im Auge war, weshalb die Polizei froh sein konnte, mich gefasst zu haben«. Nolde befürchtet, dass man ihn mit allen Mitteln aus dem Verkehr ziehen will, außerdem hat er zwei offene Bewährungsstrafen wegen gefährlicher Körperverletzung. Doch allmählich merkt er, dass es bitterernst ist. Er überlegt, denkt an Lutz Schillok, der immer ein langes Messer bei sich trägt, wie der sich im Gebüsch versteckte, der Streit mit den beiden Wittenbergern, die Gaswolke. Sollte der …? Wenn Schillok zugestochen hat, überlegt er sich, dann kann er, Nolde, nur hoffen, dass die Polizei den Täter schnell findet und auch die Tatwaffe, sonst könnte man ihn verdächtigen oder ihm die Tat in die Schuhe schieben. Ihm ist abwechselnd siedend heiß und eisig kalt.

Die vernehmenden Beamten des Staatsschutzes, zeitweilig drei auf einmal, machen ihm deutlich, das seine Lage aussichtslos sei. Sie nehmen ihn nach allen Regeln der Kunst in die Mangel. Lutz Schillok hat die zwei Wittenberger Neonazis erstochen. Er, Nolde, habe, das sei sonnenklar, einen der Wittenberger Nazis festgehalten, während Schillok auf jenen mit dem Messer losging. Die Folgen seines Verhaltens werde er noch zu spüren bekommen. Seine Familie würde Nolde auf lange Jahre nicht mehr wiedersehen, er würde noch im Gefängnis stecken, wenn sein Sohn in die Schule käme. Er könne seine Situation nur verbessern, wenn er endlich mit der Wahrheit herausrückte: Er sei Mittäter gewesen. Nur diese Aussage könnte die Richter noch ein wenig gnädig stimmen.

Die Vernehmungen halten an, Stunde um Stunde redet man auf ihn ein. Die Beamten verstehen ihr Handwerk, sie kochen Nolde langsam weich. Sie lassen ihm keine Chance auszuweichen oder in Ruhe nachzudenken. Sie haben auch keinen Anlass dazu. Es geht um einen zweifachen Mord. Und den werden sie aufklären. Nolde fühlt sich, wie er sich heute erinnert, »immer schwächer, ohnmächtiger und willenloser«. Der Druck wird immer größer, er weint, fleht, jammert, er sei unschuldig, er verabscheue die Tat. Aber das macht keinen Eindruck bei den hartgesottenen Beamten. Irgendwann unterschreibt er ein Protokoll, in dem das steht, was die Ermittler hören und lesen wollen. Er will nur noch, dass die Tortur ein Ende hat. Dann erlässt ein Staatsanwalt einen Haftbefehl. Die Anklage lautet: »Gemeinschaftlicher Doppelmord.«

Am nächsten Tag, in der Untersuchungshaftanstalt in Berlin-Moabit, widerruft Detlef Nolde einen Großteil seiner Aussagen. Nein, er habe weder etwas gesehen noch sei er an der Tat beteiligt gewesen. Doch das klingt unglaubwürdig. Der Haftrichter denkt wahrscheinlich, Nolde habe erst jetzt begriffen, was er getan habe und wolle sich im Nachhinein reinwaschen.

Allein in der Zelle, überlegt der Neonazi und »Kameradschaftsführer« Detlef Nolde, was mit ihm geschehen ist. Niemand steht ihm bei. »Mein Leben war aus, dessen war ich mir sicher.« Warum ich?, fragt er sich wieder und wieder. Schillok hat zwei Menschen erstochen, wahrscheinlich die, die ihn angegriffen haben. Er, Nolde, hat jedoch davon nichts gesehen, er hat nichts mitbekommen, außer dass er Gas gesprüht hat. Er weiß nichts von einem Streit, er hat nicht die geringste Ahnung, was Schillok zu der entsetzlichen Tat getrieben haben könnte. Es gab keine Unterhaltung im Auto, er hat mehr oder weniger im Vollrausch geschlafen, auch von einem Streit, der der Tat vorausging, hat er nichts gehört. Die Lage scheint für ihn aussichtslos.

Wer wird ihn verteidigen, ihn, den berüchtigten Neonazi aus Berlin? Ihm fällt nur der Rechtsanwalt Dr. Hans-Günter Eisenecker ein, der die politischen Ideen der Szene, aus der seine Klientel stammt, teilt und auch in der NPD aktiv ist – als deren stellvertretender Vorsitzender. Eisenecker ist dafür bekannt, dass er Nazis notfalls ohne Honorar verteidigt. Auch Nolde hat nicht die finanziellen Mittel, um sich einen richtigen Anwalt leisten zu können. Außerdem kennt er keinen anderen Anwalt persönlich. Er nimmt daher so bald als möglich Kontakt zu Eisenecker auf.

Zunächst wird er in eine Einzelzelle verlegt, dann in eine so genannte Wohngruppe in der Justizvollzugsanstalt Moabit. Wenn man den Nazi-Aussteiger Detlef Nolde heute fragt, wie er die folgenden Wochen im Gefängnis überschreiben würde, um sich und seine Situation zu schildern, antwortet er: »Allein mit meinen Gedanken – eine Befreiung.« Es ist merkwürdig, aber jetzt spürt er plötzlich, dass er schon vorher unter einem gewaltigen Druck war, den er sich nie eingestehen wollte. Trotz all seiner Aktionen seiner »Rastlosigkeit« hatte er, so erinnert er sich auf einmal deutlich, Momente, in denen er sich unwohl fühlte in seiner Haut, Momente, in denen er das Bedürfnis verspürte, über sich nachzudenken. Doch er hatte sich nie erlaubt, dem nachzugeben. Jetzt kann er es. Und er lässt es zu.

Allein zu sein heißt: nichts tun zu können, sich nicht ablenken zu können, nichts, was wichtiger ist, als sich Gedanken zu machen über sich selbst. Keine »Sache«, die über allem steht und immer währende Aktivität fordert. Keine »Kameraden«, die indoktriniert werden müssen, weil es die »Sache« fordert. Nein, Nolde hat nur sich und das, was in seinem Kopf vor sich geht. Er beginnt ein Tagebuch zu schreiben, »etwas, was ich draußen nie getan hatte«. Er ist gezwungen, sein Leben an sich vorbeiziehen zu lassen, seine Kindheit, seine Träume, seine Familie und das, »was viele Jahre mein Leben in allen seinen Facetten geprägt und alle Bereiche durchdrungen hat: den Nationalsozialismus, ›meine‹ Weltanschauung für immer, wie ich dachte ...«

Jetzt sind leise Zweifel da. Das spürt er. Hat er vorher schon an sich selbst, an der vermeintlichen »Ideologie für immer« gezweifelt? Schon in den Wochen vor dem verhängnisvollen Polterabend mit seinen schrecklichen Folgen verspürte er ein Bedürfnis sich zu besinnen. Aber nicht im Traum wäre ihm eingefallen, sich von der rechten Szene zu distanzieren. »Die Zweifel waren mir nicht geheuer«, sagt er, »ich verdrängte sie.« Er wollte nur frei sein von permanenter politischer Arbeit. Er hatte das diffuse Gefühl, der ständige Aktionismus hindere ihn daran, über sein Leben und die Ziele, die er sich gesetzt hatte, nachzudenken. Da war ein Wunsch »nach Ruhe für mich selbst, um mir über etwas klar zu werden«.

Aber worüber? Gerade vor dem Doppelmord gab es keinen Grund für einen Rückzug: Nolde war, so beschreibt er sich, »mit einer soliden Hausmacht ausgestattet«, sein Einfluss und sein Wort galten in der Neonazi-Szene über die Stadtgrenzen hinaus. Aber zugleich spürte er eine bevorstehende Art von Wende in seinem Leben. Wohin sich sein Leben richtet, worin diese Wende besteht, das weiß er nicht zu diesem Zeitpunkt. Aber er ist sich bald sicher, dass irgendetwas anders werden wird. Und diese zaghafte Ahnung scheint jetzt durch die Einsamkeit der Zelle »im Turbobetrieb« beschleunigt zu werden, sodass sie an die Oberfläche und in das Bewusstsein dringt.

Nun wird ihm klar, nach langen leeren Tagen und Nächten, dass er am Anfang eines Weges steht, am Ende einer Weltanschauung, »die nicht die meine war«. Der Mord war nicht die Ursache, aber der Auslöser dafür, dass er sich die Zeit nehmen musste, über seine Vergangenheit und das, was in den letzten Wochen geschehen ist, nachzudenken.

Doch noch ist er nicht so weit, Konsequenzen zu ziehen. Nolde lässt sich in seine Hoffnungslosigkeit fallen, malt sich seine persönliche Zukunft in den schwärzesten Farben aus. Nach allen Prognosen, wie die Gerichtsverhandlung verlaufen und das anschließende Urteil lauten würde, kann er mit mindestens zehn Jahren Gefängnis rechnen. Er ist unschuldig an dem Mord, das weiß er, doch es wäre nicht der erste Justizirrtum, redet er sich damals ein. Der Gedanke daran lässt ihn fast irrewerden. Panik befällt ihn. »Das mache ich nicht mit«, sagt er sich immer wieder, »das werde ich nicht aushalten«, zudem er jetzt überzeugt ist, dass ihn an dem Doppelmord nicht die geringste Schuld trifft. Er weiß auch, dass Schillok, der die beiden Morde verübt hat, ihn nicht entlastet hat. Wäre das geschehen, würde die Staatsanwaltschaft ihn, Nolde, nicht des Verbrechens anklagen.

Er hat keine Hoffnung mehr für sich. Jetzt kann sich

Detlef Nolde nicht mehr hinter der »Idee« verstecken, hinter dem vermeintlichen Zwang, sich für eine – in seinem Sinne – »gute Sache« aufzuopfern. Jetzt ist er nicht mehr der Anführer, der sich vor anderen keine Schwäche und keine Zweifel erlauben darf. Jetzt ist er auf sich allein gestellt, allein mit seinen Gedanken, seinen zerstörten Hoffnungen. Immer drängender wird der Gedanke, sich umzubringen. Der Freitod erscheint ihm fast zwangläufig, ja notwendig zu sein, weil er weiß, dass er eine Haftstrafe nicht überstehen würde, »weil ich nicht der Mensch dafür bin«.

Die düsteren Gedanken, mit denen er sich quält, haben ein Fazit: »Ich lernte, welchen entscheidenden Wert die Freiheit für mich hat. Ein Leben ohne Freiheit ist wie lebendig begraben zu sein.« Das erinnert ihn an seine Jugend in der DDR. Schon damals konnte er die Menschen nicht verstehen, »die sich gemütlich in einer Diktatur einrichteten«, die sich anpassten, anstatt diese zu bekämpfen oder zu flüchten. Deshalb bewunderte er damals, schon als Jugendlicher, alle diejenigen – wie seinen ehemaligen Freund Tim –, die sich dem Zwang, konform zu leben, verweigerten. Erst recht kann Nolde diejenigen nicht verstehen, die sich mit ihrem Dasein hinter Gittern angefreundet hatten. Davon lernt er einige im Gefängnis kennen. Er sei fasziniert, sagt er, dass so etwas möglich sei, »aber ich konnte das nicht, dafür war ich nicht geschaffen.«

Zu dieser Zeit fühlt er sich so wach und offen, »wie von Geisterhand befreit von ideologischer Schlacke«. So formuliert er das heute – und wundert sich, wieso er das nicht schon damals so sagen konnte. Er kann die Realität unverblendet sehen, ohne sie an seiner fanatischen Idee immer wieder messen zu müssen. Er sieht Menschen, die er zuvor, ohne ein Wort mit ihnen geredet zu haben oder etwas von ihnen zu wissen, als »Feinde« oder Leute abgelehnt hat, mit denen er als Neonazi prinzipiell nichts hätte zu tun haben wollen. »Zum ersten Mal seit vielen Jahren bin ich auf Leute zugegangen, die ich immer abgelehnt hatte, weil ich weltanschaulich verblendet war.«

Er lernt Menschen nichtdeutscher Herkunft und Ausländer kennen, Mitgefangene, die keine »lieben ausländischen Mitbürger« sind, sondern einiges auf dem Kerbholz haben. Aber diese Kontakte werden ihm wichtig. Er gibt sogar zu, dass viele Ausländer »mir sympathischer waren als die meisten Deutschen, die mich in ihrer Falschheit, Rohheit, Niedertracht und in ihrem Egoismus anwiderten«. Sie halten im Knastalltag zusammen, helfen sich untereinander und akzeptieren jemanden, wenn er sich genauso verhält, ungeachtet dessen, welche Staatsangehörigkeit dieser hat oder welche politische Meinung. Ein ausländischer Gefangener möchte, dass Nolde einen Brief an seine Freundin formuliert, er kann nicht so gut Deutsch, und der Brief scheint wichtig zu sein. »Um Hilfe zu bitten gilt im Knast als Zeichen von Schwäche«, sagt Nolde, »das traut sich kaum jemand.« Er erlebt auch, dass andere Gefangene, vor allem Türken, ihm Lebensmittel schenken, ohne dafür eine Gegenleistung zu erwarten. Noch heute wundert er sich darüber. So etwas habe er nur selten bei einem Deutschen im Knast erlebt. Ihm wäre es in seiner Zeit, als er »Kameradschaftsführer« war, nicht im Traum eingefallen, unter Nichtdeutschen oder denen, die er für seine Feinde hielt,

Freunde und Verbündete finden zu können. Seine verbohrte Idee vom germanischen Herren- und Übermenschen, zu dem er sich selbst zählte, wird vollends durch die Realität ad absurdum geführt. Und er beginnt zu lernen: »Das, was für andere selbstverständlich ist, den Menschen als solchen zu sehen und ihn nicht von vornherein abzuwerten oder zu idealisieren auf Grund von lebensfremden Dogmen.« Im Zusammenleben auf engstem Raum zwischen sehr unterschiedlichen Menschen, die alle mehr oder weniger unter Druck stehen – wie im Gefängnis –, zählt nur der Charakter, nicht die Herkunft, Hautfarbe, Sprache oder »Kultur«. Hätte Detlef Nolde schon vorher die Gelegenheit bekommen, andere Menschen so kennen zu lernen, er hätte viel früher die Zweifel, die sich in ihm vage regten, zulassen können. Der Aufenthalt im Gefängnis beschleunigt den Weg, den er mehr oder minder bewusst wählt und den er, so vermutet er heute, ohnehin eingeschlagen hätte – aber vielleicht nicht sofort.

Nach mehreren Wochen Untersuchungshaft hat er das Gefühl, dass in ihm auch die Rassentheorie, mit der er zahlreiche Jugendliche traktiert und in der er sie geschult hatte, »die tragende Säule des Nationalsozialismus«, in sich zusammenbricht. Ihm erscheint es plötzlich unbegreiflich, dass er jemals »diese Kopfgeburt als die einzige und angeblich naturgesetzliche Weltanschauung« vertreten und anpreisen konnte. Es gibt keine Menschen, die mehr oder weniger wert sind als andere, weil sie eine andere Herkunft oder Hautfarbe haben. Das erfährt Nolde nun. Und je mehr er über das nachdenkt, was er früher behauptet hat, umso absurder erscheint es ihm. Das vergangene Leben liegt noch

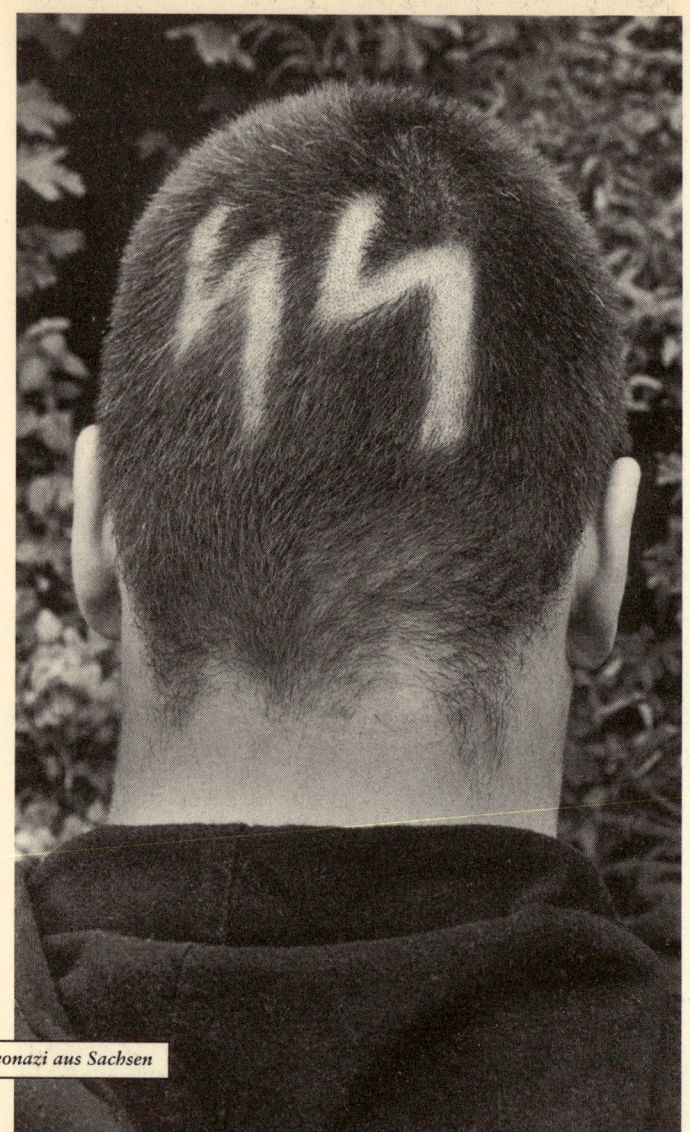

Neonazi aus Sachsen

nicht lange hinter ihm, aber er kommt sich vor wie in einem Film, »in dem ein Fremder eine Rolle gespielt hat, nicht ich«. Wenn er allein in seiner Zelle sitzt, kommt es ihm vor, als stünde er neben sich und beobachtete, wie er als Neonazi war, wie eine andere Person.

Das, woran er seit seiner Jugend wie an eine Religion geglaubt hat, fällt in der Haft wie ein Kartenhaus zusammen. Immer denkt er an seine Familie, und er befürchtet, seine Unschuld werde sich nicht aufklären, er werde seine Angehörigen nie in Freiheit wiedersehen. Während der Besuchstermine brechen Gefühle hervor, die er sich nie gestattet hat zu spüren und auszuleben. Der Abschied von den Kindern fällt ihm am schwersten. Er ist so verzweifelt, dass er seiner Frau schreibt, sie möge die Kinder nicht zu den Besuchen mitnehmen, das könne er nicht ertragen. »Ich konnte nicht mehr, ich war am Ende, ohne Hoffnung, unschuldig in Haft.«

Das Gefühl, sein Leben verpfuscht zu haben, bricht sich Bahn, und es dauert sehr lange, bis er Ruhe findet. Dann setzt er sich nieder und schreibt seine Gedanken auf. Das hilft ihm über das Schlimmste hinweg. So geht es jeden Tag. »Diese Mischung aus Traurigkeit, Ungewissheit, keine Hoffnung zu haben auf ein normales Leben, warf mich auf meinen Urgrund, mein Selbst zurück.« Heute sagt Nolde, dass er sich damals zum ersten Mal selbst kennen gelernt habe. Er schämt sich für das Leben, das er geführt hat. In dem Maß, wie er sich selbst kennen lernt, lernt er auch andere besser kennen. »Ich sah jetzt, dass alle Menschen im Grunde ihres Wesens gleich sind, und mir wurde klar, dass ich nicht das geringste Recht habe, andere Menschen für ihre Herkunft zu verurteilen.« Er fühlt sich jetzt nicht besser oder schlechter als die Menschen, die er als Neonazi verurteilt hatte, weil sie keine Deutschen und keine »Herrenmenschen« waren.

Nolde beginnt, sich mit dem Tod und mit dem Sterben auseinander zu setzen. Noch vor wenigen Monaten hätte er nicht eine Sekunde an dieses Thema verschwendet. Er besucht die Gefängnis-Gottesdienste, er, der noch vor kurzer Zeit bekennender Nationalsozialist war. Er braucht einen Halt, er weiß nicht, ob es ein Halt ist, die Zeit des Zweifelns an sich selbst zu überstehen, oder ob es das Neue ist. Wenn es einen Gott gibt, fragt er sich, will der, dass ich jetzt mein Leben beende? Ich bin doch unschuldig! Jetzt, da ich aufgewacht, frei geworden bin, wo das Leben neu beginnen kann: Jetzt sollte alles vorbei sein? Heute meint er, dass ihm der vage Glaube an ein höheres Wesen ein wenig Kraft gegeben habe, die Monate hinter Gittern zu überstehen. Das, was er damals für Gott hielt, sei die Stimme seines Gewissens gewesen, seine Intuition. Und er will darauf hören.

Dann erhält er unerwartete Post. Der Brief kommt von Ursula Müller, der Vorsitzenden der »Hilfsorganisation für nationale politische Gefangene« (HNG) – eine Gruppe von Neonazis, die ihre »Kameraden« in den Gefängnissen betreut. Sie bietet Hilfe an. Nolde ist zwar erfreut, dass ihn jemand für unschuldig hält, ihm ist aber klar geworden, »dass die Zeit des Nationalsozialismus und mein Glauben an diese Idee hinter mir lag«. Er kann sich mit dem, wovon er lange Jahre überzeugt war, nicht mehr identifizieren. Und deshalb will er auch nicht, dass die »Kameraden« ihn unterstützen. Er gehört nicht mehr zu ihnen, er ist kein »politischer Gefangener der Bewegung«. Er antwortet deshalb auf den Brief, dass er die Tat des Lutz Schillok für »rein kriminell« hält und ohne politischen Hintergrund, dass sie ihn nicht in die Gefangenenliste der HNG aufnehmen solle und dass er aus der Szene für immer aussteige.

Jetzt hat er diesen Satz zum ersten Mal geschrieben. Er, Detlef Nolde, will aus der Neonazi-Szene aussteigen! Der Brief ist das erste öffentliche Signal, ein Fanal für die draußen, die meinen, sie müssten dem Neonazi und »Kameradschaftsführer« beistehen, ihn aufmuntern.

Dann, im Oktober, beginnt die Gerichtsverhandlung. Die Zeugen treten auf, zwei Neonazis aus Wittenberg, einer davon, Enrico P., war der Fahrer des Wagens, in dem alle gesessen haben, und das Mädchen, deren Freund erstochen worden ist. Sie bekundet vor dem Richter, sie habe gesehen, wie Detlef Nolde, den sie vorher nicht kannte, eines der Opfer festgehalten habe, während Lutz Schillok auf den Mann eingestochen habe. Nolde sinkt auf seinem Stuhl zusammen. Er will nicht glauben, was er soeben gehört hat. Doch das Mädchen scheint immer noch unter Schock, sehr verwirrt. Sie verwickelt sich in Widersprüche. Und auch der Richter, das bemerkt Nolde, scheint die Aussage des Mädchens anzuzweifeln.

Anders äußern sich die restlichen Zeugen. Alle, auch der zur Tatzeit als Einziger nüchterne Enrico P., lassen keinen Zweifel daran, dass Detlef Nolde an der Tat nicht beteiligt war. P. sagt aus, dass Nolde, während Schillok den beiden Opfern die tödlichen Stiche versetzte, abseits gestanden habe, somit niemanden habe festhalten können.

Ein Wunder geschieht – so empfindet es Detlef Nolde.

Am 19. November 1997, am letzten Verhandlungstag, beantragt die Staatsanwaltschaft für ihn zwei Jahre Haft – wegen »gefährlicher Körperverletzung und Beteiligung an einer Schlägerei« – und bis zum Antritt der Strafe Haftverschonung. Der Antrag des Staatsanwalts und der Beschluss des Gerichts, der dem stattgibt, sind für Nolde so »überwältigend und unerwartet«, dass er es kaum fassen kann.

Das Urteil wird begründet; in der Akte heißt es: »Eine Beteiligung an den vom Angeklagten Schillok begangenen Tötungshandlungen in Form von Mittäterschaft oder Beihilfe kommt bei Nolde nicht in Betracht. Nach den getroffenen Feststellungen konnte Nolde weder mit dem Einsatz des Messers durch Schillok rechnen noch sind Anhaltspunkte dafür vorhanden, dass er dies gebilligt hätte ... Der Angeklagte Nolde hat verschuldet an einer körperlichen Auseinandersetzung teilgenommen, ohne dass die Tötungshandlungen des Schillok von Vorsatz oder Fahrlässigkeit des Angeklagten Nolde umfasst war ... zu Gunsten des Angeklagten Nolde war weiter zu berücksichtigen, dass seine eigene Tatbeteiligung nicht unmittelbar zu erheblichen Verletzungen geführt hat.«

Detlef Nolde wird auf seine Zelle geführt. Er soll seine Sachen packen, aber er ist zu verwirrt. Er kann kaum begreifen, was soeben geschehen ist. Auf dem Weg zum Ausgang kommen ihm noch Zweifel, ob er an seine neu gewonnene Freiheit glauben soll. Und seine düstere Ahnung scheint sich zu bestätigen: Der Posten am Tor nach draußen lässt ihn nicht gehen. Er muss zurück in seine Zelle, seine Habseligkeiten wieder auspacken. Sein Kopf ist völlig leer, er kann gar nicht mehr denken. Doch dann entpuppt sich alles als ein Irrtum. Man hat ihn mit einem anderen Strafgefangenen gleichen Namens verwechselt, der noch einige Jahre zu »brummen« hat.

Am nächsten Tag steht Detlef Nolde draußen vor dem Gefängnis. Seit seiner Verhaftung sind sieben Monate vergangen. Vor dem Gebäude warten schon einige Journalisten. Nolde, der über seine veränderte politische Gesinnung keine Auskunft gibt, sagt, er werde gegen das Urteil, zwei und ein halbes Jahr ohne Bewährung, Revision einlegen. Aber in seinem Inneren ist er heilfroh, dass der ursprüngliche Vorwurf des Doppelmords vom Tisch ist.

Doch was sagt die »Szene«, was werden die ehemaligen »Kameraden« von ihm halten? Kurz nachdem er entlassen worden ist, besucht ihn Christian Wendt. Wendt, der aus dem Westen Berlins stammt, war leitender Redakteur der »Berlin-Brandenburgischen Zeitung« und Pressesprecher der »Nationalen«. Wendt, wie Nolde seit seiner Jugend fanatischer Neonazi, hatte gerade sieben Monate Gefängnis ohne Bewährung hinter sich, weil er den Innenminister Brandenburgs als »Stasi-Spitzel« verleumdet hatte. Beide Männer haben eine vergleichbare politische Biografie, beide sind sie mindestens zehn Jahre als Neonazi politisch aktiv gewesen, beide an führender Stelle, beide sind intelligent, fähige Organisatoren, beide verstehen es, sich auszudrücken und andere Leute, vor allem Jugendliche, zu überzeugen. Und doch kann der Unterschied nicht größer sein. Wendt kann nicht glauben, dass derjenige, den er über Jahre als Drahtzieher der militanten Szene, als Verehrer Adolf Hitlers, als glühenden Rassisten und Antisemiten kennen gelernt hat – dass dieser Mensch, Detlef Nolde, sich gewandelt haben will. Und dass diese Wandlung ernst gemeint ist und nicht nur aus taktischen Gründen vorgegeben wird, um einer Gefängnisstrafe zu entgehen und bei Richtern um gut Wetter zu bitten. Christian Wendt muss sich davon überzeugen, dass Nolde ganz offensichtlich tatsächlich seine Abkehr vollzogen hat. Aber Wendt lässt weder mit sich reden noch ist er davon zu überzeugen, über die neofaschistischen Ideen kritisch nachzudenken. Der Neonazi Wendt gibt sich so, wie Detlef Nolde sich noch vor einem Jahr selbst benommen hätte ... Später wird er die »Kameraden« vor dem »gefährlichen Aussteiger Nolde« warnen und sie auffordern, mit dem »kein Wort mehr zu reden.«

Nolde versucht auch mit denen Kontakt aufzunehmen, mit denen er in den letzen Jahren zu tun hatte und von denen er hofft, dass sie, weil sie in einer vergleichbaren Situation sind, zum Nachdenken in der Lage sind. Er schreibt an Marcus Bischoff, einen Weggefährten des Nazi-Terroristen Kay Diesner, der seit 1994 wegen neonazistischer Propagandadelikte in Untersuchungshaft saß. Bischoff, der Mitte dreißig ist, ist mehrfach vorbestraft, zumeist wegen einschlägiger Propagandadelikte. Im braunen Milieu wurde er vor allem dadurch bekannt, dass er das Schrifttum des so genannten »Weißen Arischen Widerstands« aus den USA unter die Leute brachte. Bischoff, daher kannte ihn Nolde, hatte mehrfach vor »Kameraden« der FAP Vorträge zu neonazistischen Themen gehalten. Doch nach wenigen Briefen Noldes bricht Bischoff den Kontakt ab. Er ist unbelehrbar. Noch mehr: Er prophezeit dem Aussteiger, dass Leute wie er später »konzentriert und separiert« werden würden. Nolde sagt heute, wenn er über diesen Briefwechsel nachdenkt: »Das Gleiche hätte ich früher auch geschrieben.« Jetzt kann er nur noch den Kopf schütteln.

Wie gemeingefährlich Marcus Bischoff wirklich ist, zeigte sich ein Jahr darauf. Das Landgericht Stuttgart verurteilte ihn am 23. Dezember 1998 zu einer Freiheitsstrafe von vier Jahren. Das Gericht fand ihn schuldig, sich an einem Mord – ohne politische Motive – beteiligt zu haben. In Leserbriefen an Zeitungen drohte er später indirekt mit Mordanschlägen. Der »nächste tote Polizist« sei »nur eine Frage der Zeit«. Bischoff wird in der Neonazi-Szene dennoch als »Märtyrer für die Sache« verehrt.

Detlef Nolde hat 1998 seine Haft angetreten; nach einer Woche wurde er Freigänger, durfte daher tagsüber arbeiten. Nach 16 Monaten kam er endgültig frei, der Rest der Strafe wurde ihm zur Bewährung erlassen. Sein Arbeitgeber, eine Baufirma, stand zu ihm und beschäftigte ihn auch nach Beendigung der Haft. Jetzt rächt sich, gibt Nolde zu, dass er sich nie um einen normalen Beruf gekümmert hat. Die Arbeit erschien ihm nur unumgänglich als Mittel, um Geld für den politischen Kampf zu bekommen. In seiner Zeit als »Kameradschaftsführer« hat er das Geld, das er mit diversen Gelegenheitsjobs unregelmäßig verdiente, ausgegeben, um seine Propagandaarbeit zu finanzieren. Die Politik war sein Beruf.

»Heute erscheint mir das alles so absurd. Man sieht, wenn man in diesen sektenartigen Gruppen ist, nur noch seine als die einzig wahre Sicht auf die Dinge und die Notwendigkeit, diese allen anderen ›Unwissenden‹ nahe zu bringen oder aufzuzwingen. Die Wirklichkeit gerät dann immer mehr aus den Augen ... Meinen Ausstieg«, sagt er weiter, »verdanke ich keinem anderen Menschen, nur meiner inneren Stimme«, sagt er. In der Haft sei er viel allein gewesen. Er hatte Zeit, sein Leben noch einmal zu überdenken. »Ich bin dankbar auch für die Zeit meines Lebens, die ich im Gefängnis verbracht habe.« Nolde ist immer gesprächsbereit, auch für die ehemaligen »Kameraden«, und er spürt, dass sein neues Engagement nicht umsonst ist. Bei einigen zeigt sein Vorbild Wirkung ... Er trifft sich oft mit anderen ehemaligen Neonazis, die »von sich aus und still und leise aus der Szene ausgestiegen sind«. Das seien die vielen Aussteiger, die keinen »berühmten« Namen haben und in keiner Statistik auftauchen.

Im August 2001 hat Detlef Nolde die letzten Sätze seiner Lebensgeschichte aufgeschrieben:

»Ich möchte denjenigen Mut machen, die sich immer noch in dieser sektiererischen Szene aufhalten und insgeheim an ihr zweifeln. Es ist nie zu spät. Nichts ist für immer, auch nicht die politische Gesinnung. Deshalb sage ich euch: Hört auf eure innere Stimme, nicht auf vorgefertigte Meinungen von anderen. Geht offen auf alle Menschen zu, nicht mit Vorurteilen. Lebt mit Verständnis für den anderen und lebt in Freiheit!«

Danny Thüring nach seinem Ausstieg – vor der JVA Weiterstadt in Frankfurt/Main

 **Danny Thüring**

Am 23. August 2001 treffen in einem Saal des Berliner Landgerichts einige Personen aufeinander, die vier Jahre zuvor als repräsentativer Querschnitt der deutschen Neonazi-Szene gegolten hätten. Jeder von ihnen verkörpert einen bestimmten »Typus« der Neonazis.

Wieder geht es um den Doppelmord in Berlin-Treptow im April 1997. Der Haupttäter, Lutz Schillok, sitzt auf unabsehbare Zeit im Gefängnis und ist nicht vorgeladen worden. Sein Anwalt tritt für ihn auf, Wolfgang Nahrath. Er verkörpert den Typus des intellektuellen Neofaschisten. Nahrath ist einstiger Führer der 1994 verbotenen »Wiking-Jugend«, der ältesten neonazistischen Jugendorganisation Deutschlands. Der Vorsitz in dieser Truppe, die Kinder und Jugendliche mit rassistischem und antisemitischem Gedankengut indoktrinierte, war im »Familienbesitz«: Nahrath hatte das Amt von seinem Vater, Wolfram Nahrath, übernommen, davor, seit 1954, hatte dessen Vater Raul Nahrath die Organisation nach dem Vorbild der »Hitler-Jugend« geführt.

Bei der Verhandlung geht es um die Schadensersatzansprüche der Angehörigen der beiden ermordeten Opfer. Da Schillok, der Täter, mittellos ist, versuchen die Familien, vertreten von einem Rechtsbeistand des Landes Berlin, ihre Ansprüche gegen alle Tatbeteiligten geltend zu machen. Der

Hergang der Tat wird noch einmal aufgerollt. Drei Polizisten in Zivil führen einen schmächtigen jungen Mann in Handschellen in den Saal, nicht ohne ihre Blicke forschend über die wenigen Personen gleiten zu lassen, die auf den Zuschauerbänken Platz genommen haben. Der Zeuge ist Enrico P., der den Wagen gefahren hat, in dem Täter und Opfer sich begegnet sind. Warum dieser Zeuge in Haft ist und warum ihm sogar während seiner Aussage nur kurz die Handschellen abgenommen werden, wird nicht verraten. Die Prozedur sagt etwas darüber aus, für wie gefährlich man ihn hält. Enrico P. war vor wenigen Jahren ein Mitglied der »Kameradschaft Elbe-Ost« in Wittenberg und stolzer Besitzer einer Sammlung scharfer Waffen. In der Szene ist er auch als jemand bekannt, der sich auf den Diebstahl von Autos und anderen Dingen spezialisiert hat. P. ist ein Typ Neonazi, bei dem die Grenzen zum kriminellen Milieu immer fließend waren und sind. Der dritte Beteiligte der Tat, Detlef Nolde, wird ebenfalls als Zeuge vernommen.

Der Richter nimmt mit einem wohlwollenden Kopfnicken zur Kenntnis, dass er glaubhaft aus der militanten rechten Szene ausgestiegen ist. Doch das entlässt ihn nicht aus der so genannten »gesamtschuldnerischen Haftung«: Obwohl Nolde mit dem Doppelmord vom April 1997 nichts zu tun hatte, wurde er verurteilt, weil er an der »körperlichen Auseinandersetzung« beteiligt war. Nolde hat weder die Opfer festgehalten noch bei den tödlichen Stichen »assistiert«, wie es in vielen Zeitungen und auf Websites zu lesen war.

Er hatte den Opfern »nur« Tränengas in die Augen gesprüht. Und deshalb soll er die mehr als 40 000 Mark zahlen, die die Angehörigen der Opfer fordern, selbst die Kosten für die Begräbnisse.

Nolde kann als Beispiel für einen fanatischen Neo-Nationalsozialisten aus den neuen Bundesländern gelten, der über Jahre die militante rechte Szene aus tiefer Überzeugung organisiert, der viele junge Leute indoktriniert hat und der – als Anführer mehrerer »Kameradschaften« – auch für deren Gewalttaten verantwortlich war. Für Detlef Nolde war die nationalsozialistische Ideologie, wie er sie sich autodidaktisch zusammengesucht hatte, eine Ersatzreligion, die die Welt über Jahre hinreichend erklärte. Und Nolde ist einer von nur drei relevanten Neonazi-Kadern, die in der zweiten Hälfte der neunziger Jahre ausgestiegen sind – und diesen Ausstieg als Fanal für die ehemaligen »Kameraden« auch öffentlich machten.

Den vierten Beteiligten hat Nolde draußen vor der Tür getroffen, ohne ihn sofort wiederzuerkennen. Es ist Danny Torsten Thüring, 27, wie Enrico P. aus der Lutherstadt Wittenberg in Sachsen-Anhalt. Thüring saß in der Mordnacht auf dem Beifahrersitz des Autos. Der ehemalige Student der Betriebswirtschaft war mehrere Jahre Anführer der »Kameradschaft Elbe-Ost«. Danny Thüring ist – wie Nolde erstaunt erfährt – ebenfalls aus der rechten Szene ausgestiegen und arbeitet heute als erfolgreicher Webdesigner und Programmierer in Frankfurt am Main. Er hat nicht den geringsten Kontakt mehr zum Neonazi-Milieu und weder Interesse noch Ehrgeiz, die ehemaligen »Kameraden« von deren rassistischen und antisemitischen Ideen abzubringen. Er schwärmt für das Internet, für die Ideen des »Free Speech« und der virtuellen Basisdemokratie und ist sogar auf antifaschistischen Kundgebungen anzutreffen. Thüring ist ein Beispiel für einen Mann, der als Gymnasiast in die militante rechte Szene geraten ist, obwohl ihn dieses nicht nur in seiner ideologischen Präsenz weitgehend primitive Milieu eigentlich hätte abschrecken müssen. Und er war in der Lage, über sich selbst nachzudenken und die notwendigen Konsequenzen für eine radikale Umkehr und den Beginn eines neuen Lebens zu ziehen.

War der Doppelmord von Berlin nicht nur für Detlef Nolde, sondern auch für Danny Thüring ein so einschneidendes Erlebnis, das ihn umdenken ließ, das ihn veranlasste, die kruden Ideen, mit denen er andere behelligte, kritisch zu sehen und letztlich über Bord zu werfen? Nein, die Biografien kann man nicht vergleichen, dazu sind sie zu verschieden.

Die Lutherstadt Wittenberg in Sachsen-Anhalt geriet schon Anfang der Neunzigerjahre in die Schlagzeilen. Eine »Kameradschaft Wittenberg« zog rechte Jugendliche und Heranwachsende in ihren Bann. Die Neonazi-Gruppe hatte sich ein mehrseitiges Programm gegeben, das Interessierte einsehen konnten: Die »Kameradschaft« sei völlig unabhängig, heißt es dort, aber »Teil der nationalen Widerstandsbewegung«. Es fällt auf, dass die Begriffe »national« und »sozial« auf jeder Seite des Pamphlets gleich mehrfach benutzt werden. Die erste Seite zeigt einen Adler mit ausgebreiteten Schwingen und ein Hakenkreuz – ein Original-Emblem der NSDAP.

Zu dieser Zeit ist Danny Thüring noch Schüler. Er sagt, er sei als Jugendlicher sehr schüchtern gewesen. Niemals habe er Leute angesprochen oder enge Freunde gefunden. Als er 16 Jahre alt ist, stellen Ärzte – nach mehreren Fehldiagnosen – fest, dass er an einer seltenen Art von Knochenkrebs leidet. Die Krankheit ist schon so weit fortgeschritten, dass ihm ein Bein unterhalb des Knies amputiert werden muss.

Oft sitzt er zu Hause und liest jedes Buch, das ihm in die Hände fällt. Dieses Hobby hat er bis heute. Als Junge hört er den Geschichten zu, die sein Großvater zum Besten gibt. Der war im Zweiten Weltkrieg bei der Waffen-SS und erzählt häufig Anekdoten aus dieser Zeit. Danny merkt bald, dass in der offiziellen Version der Geschichte, die in der Schule gelehrt wird, nicht alle die Ereignisse vorkommen, von denen sein Großvater ihm erzählt. Seine Neugier wird geweckt, er möchte mehr darüber wissen, wie die »normalen« Menschen den Krieg erfahren und gesehen haben. Danny besorgt sich alle verfügbaren Bücher über den Zweiten Weltkrieg. Im Unterricht fällt er positiv auf, als er für ein Referat Befehle des »Oberkommandos der Wehrmacht« im Original zitiert. Heute sagt er, dass eine »inhaltliche Diskussion« mit den Eltern über politische Themen – die deutsche Geschichte, den Hitler-Faschismus, aber auch die Gegenwart – nicht möglich gewesen sei. Er bleibt allein auf sich gestellt. Manchmal denkt er, dass die Eltern ihn nicht ernst nehmen, wenn er sie nach der Politik der DDR befragt, wenn sie gar nicht oder ausweichend antworten.

Durch Mitschüler bekommt er Anschluss an eine Clique, die sich rote Halstücher umbindet, »Riders«-Jacken trägt und sich als Hooligan-Truppe versteht. Es geht rau zu in der Truppe. Danny Thüring aber prügelt sich nicht, schon wegen seiner Behinderung. Wer sich aber in einer Gruppe beliebt machen will, die zumindest durch ihr Auftreten, verstärkt durch ein gemeinsames Äußeres, suggeriert, dass sie bereit ist, eventuellen Gegnern auch körperlich zu begegnen, muss Qualitäten besitzen, die das körperliche Manko ausgleichen. Ihm gelingt der Ausgleich mit intellektuellen Fähigkeiten, die er den anderen voraus hat … Ansonsten schweißt der Fußball die Clique zusammen. Es macht einfach mehr Spaß, zu mehreren aufzutreten, notfalls Kameraden zu haben, mit denen man reden oder auch nur trinken kann.

Thüring ist nicht sehr oft mit den anderen zusammen, nicht wirklich mit jemandem von ihnen befreundet. Heute denkt er, dass ihm damals gefallen habe, durch eine Gruppe Bestätigung zu finden. Dort kann er über alles unbefangen sprechen, dort findet er für jedes Thema einen Ansprechpartner. Vielleicht habe er für sich kompensieren wollen, dass er körperlich benachteiligt war. Danny ist zurückhaltend, weicht Streitereien aus, provoziert niemanden, kann zuhören und schlichten, wenn andere sich anpöbeln. Das zeichnet ihn vor den anderen aus.

Danny besucht das Gymnasium. Auch dort findet er kaum echte Freunde. Er geht nicht von selbst auf andere zu, er wartet darauf, dass er aufgefordert wird, sich zu beteiligen, und nimmt erst dann das Angebot an. Thüring kann etwas, was für die meisten der Mitschüler ein »Buch mit sieben Siegeln« ist und wofür sie sich – Anfang der Neunzigerjahre – noch kaum interessieren: Er weiß, wie man mit

Computern umgeht. An diesem Hobby ist sein Vater schuld: Der besaß vor der Wende einen Rechner der Marke »KC 85« – selten genug für diese Zeit in der DDR –, den er aus beruflichen Gründen nutzen musste. Dieser Computer, der als »antikes« Stück heute noch Liebhaber findet, wurde in der DDR Mitte der Achtzigerjahre gebaut.

Danny Thüring lässt sich dann von seinen Großeltern, sobald das möglich ist, einen eigenen Computer schenken, einen so genannten Commodore 64. Der wird seine große Leidenschaft. Stundenlang sitzt er vor dem Rechner und versucht, ihm seine Geheimnisse zu entlocken. Im Selbststudium bringt er sich sogar die ersten Kenntnisse im Programmieren bei. Danny gilt bald als absoluter Computerspezialist. Wenn fortan jemand aus seinem Bekanntenkreis Probleme mit seinem Rechner hat, weiß derjenige, dass er Danny fragen kann. Neben dem Lesen und dem Computer begeistert er sich für Filme, die irgendwie mit Science-Fiction zu tun haben. Im Fernsehen schaut er sich, so oft es geht, »Kampfstern Galactica« und ähnliche Serien an.

Die Mitglieder der Clique mit den roten Halstüchern haben nie viel Geld. In der Kleinstadt Wittenberg spricht sich herum, dass in einer bestimmten Kneipe der Wirt, wenn er gut gelaunt ist, Lokalrunden wirft. Deshalb verkehrt die Gruppe oft dort. Zufällig gilt die Kneipe auch als Treffpunkt der Rechten von Wittenberg. Es bleibt nicht aus, dass Einzelne aus den jeweiligen Milieus sich hier anfreunden. Wenn man gemeinsam in der Kneipe sitzt, spielt Politik keine große Rolle. Eher die gemeinsame Freizeit: zelten am Wochenende, Fußball, sogar gemeinsam in Urlaub fahren. Und überhaupt: sich treffen, um Alkohol zu trinken.

Irgendwann sind die »Hooligan«-Clique und die rechte Szene der Lutherstadt Wittenberg so miteinander verzahnt, dass es keinen sichtbaren Unterschied mehr gibt. Die Ideen, die die Neonazis in der nun größer gewordenen Gruppe fast beiläufig von sich geben, finden ihren positiven Widerhall bei den Jugendlichen, die in den Medien vom »Asylproblem« lesen und hören, die mitbekommen, dass überall in Deutschland Immigranten und Asylbewerber schief angesehen werden.

In dieser Zeit gehen fanatisierte Neonazis auf »Talentsuche«, besonders in den neuen Bundesländern. Sie wollen Nachwuchs dort rekrutieren, wo sie Sympathisanten vermuten, die sie für ihre Sache einbinden und organisieren können. Vor allem ein Frank Schwert aus Berlin ist aktiv. Nach den Verboten vieler kleiner Parteien wie der »Nationalistischen Front« (NF), der »Deutschen Alternative« (DA), der »Freiheitlichen Arbeiterpartei Deutschland« (FAP) und anderer dient seine Organisation »Die Nationalen«

Neonazis aus Cottbus

als Auffangbecken für alle versprengten Neonazis. Seit 1992 hat er vor allem in Brandenburg ein Netz von »Kameradschaften« geschaffen, indem er den vor Ort schon vorhandenen losen Gruppen ein organisatorisches Korsett verpasste. Er kennt sich mit dem deutschen Vereinsrecht aus, bezahlt aus eigener Tasche Flugblätter und anderes Propagandamaterial und macht sich so unentbehrlich. Die Nazi-Postille »Berlin-Brandenburger Zeitung«, BBZ, wird bald auch in Wittenberg verteilt und gelesen.

Die Wittenberger »Kameradschaft« macht in der Szene auf sich aufmerksam, als Februar 1994 in der Wohnung eines der Mitglieder, Andreas M., genannt »Nashville«, eine selbst gebastelte Bombe hochgeht. Danny Thüring ist in dieser Zeit schon in die rechte Szene »gerutscht« und eingebunden. Er lehnt Gewalt jedoch ab. Der Bau von Bomben, um gegen politische Gegner vorzugehen, kommt für ihn nicht in Frage.

Zu dieser Zeit arbeitet er aushilfsweise in einer Gaststätte, wo er das Bier ausschenkt. Dadurch kennt jeder sein Gesicht. Und als die Idee aufkommt, der dort verkehrenden, mit rechten Ideen sympathisierenden Szene, zu der auch die in der »Kameradschaft« organisierten Neonazis gehören, einen Anführer zu geben, sucht man sich jemanden, der integrieren kann. Nicht der Stärkste, nicht der Brutalste, nicht der mit dem größten Maul, nicht der, der Nazi-Propaganda auswendig daherbeten kann, sondern der, der in der Lage ist zu organisieren, der intelligent genug ist, um mit Behörden und der Polizei zu verhandeln, und der durch seine Arbeit einen Versammlungsort bereitstellen kann – das soll der »Führer« sein. Und plötzlich, ohne sich besonders hervorgetan zu haben, im Jahr 1994, ist der körperbehinderte Danny Thüring durch eine Abstimmung per Handzeichen der Anführer aller Neonazis von Wittenberg geworden.

Er könnte keine Befehle geben, die die anderen blind befolgen würden. Er hat eine Funktion: Er soll und muss das tun, was der Gruppe nützt. Wenn er diese Aufgabe nicht ausfüllt, wird die »Kameradschaft« sich schnell einen anderen Anführer suchen. So richtet er sich danach. Thüring teilt nicht alle Ideen, die geäußert werden. Aber dadurch, dass zumindest alle auf ihn hören, hofft er, diese in seinem Sinne beeinflussen zu können. Eigentlich wollte er, wie er heute sagt, »Lokalpolitik« machen. Das heißt für ihn: zum Beispiel einen Treffpunkt für seine Freunde zu organisieren, Umweltpolitik, auch auf die Wohnungsnot, besonders bei Jugendlichen, hinzuweisen. Thüring möchte sich irgendwie für eine gute Sache engagieren, obwohl er nur vage Vorstellungen davon hat, was das sein könnte. Aber für das, wovon er denkt, dass es vielleicht im lokalen Bereich durchzusetzen wäre – ein fester Ort, an dem die »Kameraden« sich versammeln können –, kommt ihm der Anhang von mehreren Dutzend Leuten, die hinter ihm stehen, gerade recht. Und: Er muss sich der politischen Meinung der Mehrheit anpassen, sonst würde man ihn nicht akzeptieren. Er hätte natürlich das »Amt« auch ablehnen können. Aber dann wäre er isoliert gewesen, er hätte sich neue Freunde suchen müssen. Der Sog der Mehrheit ist so verführerisch, dass er deren Worte und Taten billigend in Kauf nimmt. Er kann sich vor sich selbst herausreden: Er verabscheut Gewalt, er will nur politische Ideen verbreiten, wie die Politiker in den

Parteien. Und seine Ideen sind die der Gruppe, die ihn zu ihrem Anführer gemacht hat. Er muss sich mit den Leuten zufrieden geben, die ihn umgeben, wenn er nicht allein sein will. Die Gruppe sucht sich den Anführer, und der Anführer sucht sich die Gruppe. Beide brauchen sich gegenseitig.

Frank Schwerdt und anderen überregional aktiven Neonazis kommt bald zu Ohren, wer dort in Wittenberg der Anführer ist. Danny Thüring studiert mittlerweile an der Fachhochschule im nahe gelegenen Senftenberg das Fach Betriebswirtschaft. Ein intelligenter Student als »Kameradschaftsführer« – das sehen die organisierten Neonazis als Glücksfall. Das macht ihnen Hoffnung, der rechten Szene ein legales Korsett zu geben, um in die örtliche Politik, vor allem die Jugendarbeit, eingreifen zu können, ohne selbst ihre Deckung aufgeben zu müssen. Die »Kameradschaft« soll zu einem eigenen Verein umorganisiert werden und somit legaler und (mit der Gestalt eines Studenten!) seriöser Ansprechpartner für die Behörden werden. Vielleicht, so diskutieren sie im kleinen Kreis, könnte man sogar öffentliche Gelder bekommen. Ähnliche Versuche der Legalisierung gibt es auch anderswo.

Die Jugendorganisation der »Nationalen«, das »Junge Nationale Spektrum«, zum Beispiel verteilt im brandenburgischen Weißwasser Flugblätter, die auf den ersten Blick unverdächtig klingen: »Langeweile? Kommt zu uns!«, heißt es dort. »Unsere Aktivitäten: Sportveranstaltungen, Fußballturniere, Liederabende, Konzerte, Zeltlager, Grillpartys, Lagerfeuer, Sonnenwendfeiern, Schiffsfahrten, Kameradschaftstreffen, Ferienlager.« Weitere Punkte der Arbeit seien: »der Aufbau von Jugendklubs, Mitarbeit im

Jugendring, Einberufung von Runden Tischen*, Unterstützung nationaler Musikgruppen«. Gegen das Wort »national« kann niemand etwas haben und gegen Grillpartys und Konzerte auch nicht. Diese Flugblätter tauchen, mit jeweils unterschiedlicher Ortsangabe, auch in Kleinstädten in Sachsen-Anhalt auf und werden von Hand zu Hand weitergegeben.

Nach mehreren Besuchen in Wittenberg wird Frank Schwerdt gründlich aktiv. Er schreibt im September 1995 einen Brief an Thüring: »Beiliegend schicke ich dir die Weißwasser-Satzung des »Jungen Nationalen Spektrums« und einige Leitsätze zur Jugendarbeit. Teil mir doch bitte mit, ob ihr die Satzung so annehmen wollt. In diesem Fall muss ich die örtlich bedingten Änderungen reinschreiben. Dann könnte recht kurzfristig eine Gründungsversammlung stattfinden. Wenn ihr nicht genügend Kameraden habt, die über 18 Jahre alt sind, dann sagt das bitte vorher. Das muss dann aufgefüllt werden.«

Der Berliner Neonazi überlässt nichts dem Zufall. Die Nazi-»Kameradschaft« in Wittenberg soll ganz legal nach dem deutschen Vereinsrecht eingetragen werden.

Über die Gründungsversammlung des Vereins »Kameradschaft Elbe-Ost Wittenberg« am 20. Oktober 1995 gibt es sogar ein schriftliches Protokoll, unterzeichnet vom Versammlungsleiter Danny Thüring und dem Protokollführer

---

* Zu Beginn der Neunzigerjahre häufig geübte Form des demokratischen Miteinanders unterschiedlicher Kräfte in der Ex-DDR; hier als Versuch, diese populäre Form für die Ziele der Neofaschisten zu missbrauchen – die an solchen bereits existierenden Runden Tischen grundsätzlich nicht beteiligt waren.

Frank Schwerdt. Die Veranstaltung findet im Lokal »Elbperle« in Wittenberg statt. Neben dem »Gast aus Berlin«, womit Schwerdt gemeint ist, haben sich 19 Personen versammelt. Alle stimmen ab, wer der neue »Kameradschaftsführer« sein soll. Danny Thüring erhält 18 Stimmen, keiner ist gegen ihn. Dann kommen, dem deutschen Vereinswesen gemäß, die anderen Ämter an die Reihe: Stellvertreter, Schatzmeister, Schriftführer, Beisitzer, ein Schiedsgericht und ein Rechnungsprüfer.

Es braucht jedoch noch etwas Zeit bis zur offiziellen Eintragung. Erst im Juni 1996, fast ein Jahr später, eigentlich genug Zeit, um genau hinzuschauen, wer sich da zum Verein »mausert«, schreibt eine Wittenberger Notarin an Danny Thüring, die »Unterschriften auf Ihrer Vereinsanmeldung« seien noch unvollständig. Dem ist abzuhelfen. Und rasch liegt dem Amtsgericht Wittenberg nunmehr der ordentlich ausgefüllte Antrag vor: »Kameradschaft Elbe-Ost Wittenberg e.V.« Vorstandsmitglieder Danny Thüring, Daniel B., Lars F. und Torsten E. Das Vorstandsmitglied Andreas Neugebauer ist noch minderjährig. Seine gesetzlichen Vertreter bewilligen die Bestellung in den Vorstand und stimmen ihr ausdrücklich durch ihre Unterschrift zu.«

Die folgenden drei Jahre, in denen Danny Thüring die Neonazis in Wittenberg anführt, sind für die Kleinstadt die schlimmste Zeit: Mehrere Male in der Woche kommt es zu Gewalttaten mit rassistischem Hintergrund oder zu Überfällen auf Jugendliche, die sich als »links« geoutet haben oder dafür gehalten werden. Die »Mitteldeutsche Zeitung« schreibt, Wittenberg sei eine »rechte Hochburg«, die Mitglieder der »Kameradschaft Elbe-Ost« zeigten ein »erschütternd niedriges geistiges Niveau.« Dieses – für den Anführer ohnehin nicht zutreffende Urteil klingt wie ein etwas hilfloser Versuch zu erklären, wie Vorurteile und antisemitische Hetze in die Köpfe der Jugendlichen gelangt sein könnten. Dabei ist es ganz einfach: Es gibt, darin sind sich die meisten Soziologen einig, keinen messbaren Unterschied zwischen Erwachsenen und Heranwachsenden im Hinblick auf die politische Einstellung. Jugendliche zeigen öffentlich das, was ihre Eltern denken, nur in einer anderen Form. Und wenn eine Mutter dem minderjährigen Sohn schriftlich erlaubt, im Vorstand einer »Kameradschaft« zu wirken, ist das nur eines zahlreicher beweiskräftiger Beispiele.

»Ohne Schützenhilfe von außen wäre die ›Kameradschaft‹ kaum mehr als ein jugendlicher Haufen, der sich Scharmützel mit der linken Szene liefert«, steht in der Presse.

Auch das darf man bezweifeln. Die »Kameraden« wären ohne die organisatorische Hilfe des Berliner Neonazis Frank Schwerdt zwar weniger perfekt nach dem deutschen Vereinsrecht organisiert und würden wahrscheinlich auch weniger »anspruchsvolle« Flugblätter verteilen, aber die von ihnen vertretenen politischen Ideen hätten sich auch ohne Einfluss aus Berlin oder anderswo bei ihnen durchgesetzt. Und wer meint, dass es sich damals in Wittenberg nur um »Scharmützel« zwischen »Rechten« und »Linken« gehandelt habe, wie ein Streit unter Jugendbanden, der hat versäumt, aufmerksam den Lokalteil der örtlichen Zeitungen zu lesen.

Die Gewalt eskaliert, obwohl der Anführer der »Kameradschaft« sie nicht angeordnet hat. Er scheint aber nichts gegen die gewalttätigen Aktionen seiner »Kameraden« zu unternehmen, nimmt sie also billigend in Kauf. Im August 1995 verprügeln drei Neonazis, zwar keine Mitglieder, aber aus dem Umfeld der »Kameradschaft Elbe-Ost«, zwei andere junge Leute, die aus einem Jugendzentrum kommen und sich an einer Tankstelle nur etwas zu essen kaufen wollen. Der Tankwart kommt aber nicht mehr dazu, Würstchen durch den Nachtschalter zu reichen. Aus einem Auto springen drei Männer, die später sagen, ihre Absicht sei es gewesen, »Zecken zu klatschen«. »Zecke« – Schimpfwort für alle, die für »links« gehalten werden. Einer der Männer zerschlägt eine Flasche auf dem Kopf seines Opfers. Der verschreckte Tankwart und ein zufällig anwesender Zeitungslieferant sagen vor Gericht aus, »nie zuvor« hätten sie eine solche Brutalität gesehen. Verblüfft zeigt sich der Tankwart darüber, dass einer der Angreifer, Marco H., nach der Tat bei ihm noch eine »Schoko-Milch« bestellt.

Im November überfallen mehr als 20 Rechte, viele davon Mitglieder der »Kameradschaft Elbe-Ost«, einen Radfahrer. Sie brüllen: »Da, eine Zecke!« Und: »Wir machen dich platt, du Kommunistensau!« Dem überfallenen Jugendlichen werden mehrere Rippen und der Mittelhandknochen gebrochen und er trägt überall am Körper schwere Prellungen davon.

Einige Monate später: Sechs jugendliche Rechte aus Wittenberg und der Umgebung überfallen einen 36-jährigen

Mann mit dunkler Hautfarbe am Bahnhof. Er erhält Faustschläge ins Gesicht und ebenfalls Prellungen am ganzen Körper. Lothar Sandmann, ein Mann vom zuständigen Staatsschutz Dessau, sagt der Presse, man solle den Vorfall »politisch nicht überbewerten«. Die Täter hätten wohl nicht gemerkt, dass es sich bei ihrem Opfer in Wahrheit um einen Deutschen gehandelt habe. Das ist eine sehr merkwürdige und auch unverständliche These. Natürlich interessiert Neonazis die Staatsbürgerschaft überhaupt nicht. Rassisten haben keine Vorurteile gegen »Ausländer« an sich. Ein dänischer Steuerberater zum Beispiel würde nie angegriffen, auch wenn er kein Wort Deutsch verstünde – wohl aber ein Farbiger, obwohl er einen deutschen Pass hat, also ein Afrodeutscher ist. Rassistische Vorurteile machen sich an dem fest, was vermeintlich am Äußeren anders ist und – in den Augen von Rechten jeglicher Couleur – angeblich nicht zu dem passt, was sie unter »deutsch« verstehen. Sie wollen vorschreiben, welche Merkmale zur deutschen Nation gehören – und welche nicht. Ein primitiver Rassist orientiert sich an der Hautfarbe, ein »intelligenter« an der »fremden Kultur« oder an dem, was er dafür hält.

Danny Thüring hat auf seinem Computer damals seine »Kameradschaft« beschrieben und zusammengefasst, was Zeitungen veröffentlicht und der Verfassungsschutz über sie vermerkt haben, als wollte er dafür in den einschlägigen Kreisen werben. In dieser Selbstdarstellung heißt es unter anderem: »Die ›Kameradschaft Elbe-Ost‹ bezeichnete sich zwischenzeitlich als ›Kameradschaft Wittenberg im Freundeskreis Die Nationalen e. V.‹, als ›Kameradschaft Ostelbe‹ und als ›Kameradschaft Anhalt‹. Sie hat ungefähr 80 Mitglieder und Sympathisanten aus Wittenberg, Coswig, Dessau, Roßlau, Bergwitz und Gräfenhainichen. Viele sind ehemalige FAP-Anhänger, Skinheads oder Hooligans. Zum harten Kern gehören etwa 25 bis 30 Mitglieder. Nur die beteiligen sich regelmäßig an den Aktionen. Es gibt eine hohe Fluktuation unter den Sympathisanten. Die ›Kameradschaft‹ hat sich ›die Pflege und Wahrung des nationalen Brauchtums‹ zum Ziel gesetzt. Regelmäßig finden Abende mit »politisch-ideologischer Schulung« statt. Die Mitglieder beteiligen sich auch an überregionalen Veranstaltungen. Die Kameradschaft wird vor allem durch Frank Schwerdt mit Schulungs- und Propagandamaterial, aber auch finanziell unterstützt. Gegenüber dem letzten Jahr hat die Aktivität der Kameradschaft beträchtlich zugenommen. Es ist gelungen, die politische Arbeit zu intensivieren und weitere Anhänger zu gewinnen. Die Anwärter, die Mitglied werden wollen, müssen eine Probezeit durchlaufen, ob sie würdig sind, dabei zu sein. Allein 1995 gab es 20 Straftaten von Mitgliedern der ›Kameradschaft Wittenberg‹: Landfriedensbruch, Bedrohung, Körperverletzung, Raub, schwerer Diebstahl.«

Silvester 1995 am Reinsdorfer Weg in Wittenberg: Die Nachbarn, die rings um eine Gaststätte wohnen, bemerken »zahlreiche Jugendliche in auffallender Kleidung«, ein ständiges lärmendes Kommen und Gehen, Taxen fahren vor, mehrere schwarz-weiße Flaggen mit einem Adler – in Anlehnung an die »Zeichen« des deutschen Kaiserreiches in den Grenzen vor dem Ersten Weltkrieg – wehen vor dem Lokal. Durch einen Anruf bei der Polizei, an die sie sich wenden, als der Lärm unerträglich wird, erfahren sie, dass es

»Freizeitgestaltung« am Wochenende – Neonazis aus Brandenburg

sich »wahrscheinlich um eine Zusammenkunft neonazistisch gesinnter Jugendlicher handele«. Die Polizei kommt mit Blaulicht und Tatütata, damit sie schon von weitem gehört werden kann und die Teilnehmer der Feier Gelegenheit bekommen, die verräterischen Flaggen abzunehmen und zu verstecken.

Im Februar überfallen Mitglieder der »Kameradschaft Elbe-Ost« mit Baseballschlägern einen Bus mit Besuchern einer Diskothek im nahe gelegenen Kropstadt. Es entsteht eine Massenprügelei; die Polizei schätzt den Sachschaden allein am Bus auf über 30 000 Mark.

Im April greifen ungefähr 30 Mitglieder der »Kameradschaft Elbe-Ost« ein Dutzend Jugendliche an, die sie als »Zecken« identifiziert haben. Ein anonymes Antifa-Flugblatt aus jenen Tagen, das Thüring aufbewahrt hat, formuliert: »Unter den Angreifern befanden sich Kameradschaft-Chef Danny Thüring und der stadtbekannte Nazi Andreas

Neugebauer. Bewaffnet waren die Neonazis mit Hieb-, Stich- und Schusswaffen sowie mit Wurfgeschossen. Zu der Auseinandersetzung kam es, als die linken Jugendlichen gegen elf Uhr am Abend nach dem Verlassen des Lokals ›Piesteritzer Hof‹ den Heimweg antraten. Dies wurde von den Neonazis durch das Versperren der Zufahrtsstraßen verwehrt. Die Angreifer liefen zielstrebig auf die Jugendlichen zu.«

Offensichtlich ist der Neonazi-Angriff gut geplant. Ein Jugendlicher, der das Geschehen miterlebte, berichtet: Der Angriff habe das Gefühl vermittelt, dass er paramilitärisch organisiert und durchgeführt worden sei. »Zu diesem Schluss muss man kommen, wenn Parolen wie ›Angriff‹, ›Rückzug‹ und ›Sammeln‹ über den Platz schallen.« Während der anschließenden Flucht der linken Jugendlichen kommt es zu einem Handgemenge, in dessen Folge einer der Rechten durch einen Messerstich schwer verletzt wird. Die anwesende Polizei, so der Augenzeuge, habe tatenlos zugesehen. Ein Polizist gibt in einem Gespräch beiläufig zu, dass die Rechten »wohl den Platz erobert« hätten. Danach sei es, so der jugendliche Zeuge, in der Stadt regelmäßig zu »Observationen, Überfällen und Einschüchterungen« gekommen.

Die Verwundung eines ihrer »Kameraden« nehmen die Wittenberger Neonazis unter Thüring zum Anlass, eine breit angelegte Flugblattaktion zu starten. Danny Thüring beschäftigt sich immer noch stundenlang mit seinem Computer. Mittlerweile hat er sich auch ein Modem angeschafft. Über Mundpropaganda erfährt er von einem Mailbox-Verbund der rechten Szene, dem so genannten »Thule-Netz«.

Amüsiert liest Danny Thüring später im Verfassungsschutzbericht des Jahres 1995, dass im »Thule-Netz« seit mehreren Monaten Informationen aus der Region Sachsen-Anhalt, vermehrt aus Wittenberg zu finden seien. Vermutlich spiele ein Angehöriger der dortigen Kameradschaft unter Pseudonym entsprechende Beiträge ein. So ist es. Das Pseudonym heißt »Starbuck«, eine Figur aus der Science-Fiction-Serie »Kampfstern Galactica«. Und hinter diesem Pseudonym steckt Danny Thüring. Kein anderer Rechter aus der Region weiß so viel über Computer. Er schreibt alle Flugblätter auf seinem Rechner, und den Inhalt verbreitet er danach auch virtuell.

Im August 1996, kurz nach der Massenprügelei in Wittenberg, ist Danny Thüring alias »Starbuck« besonders aktiv. Die Redaktion der »Berlin-Brandenburger Zeitung« (BBZ) stellt einen Artikel der linken Berliner Tageszeitung »Junge Welt« ins »Thule-Netz«, der sich auf die Lutherstadt bezieht. In dem Artikel heißt es: Zum Auftakt des »Rudolf-Hess-Gedenkmonats« – die deutschen Neonazis feiern jährlich den Todestag des Hitler-Stellvertreters – hätten sich rund 100 Neonazis am Wittenberger Bahnhof versammelt, um einen »unangemeldeten« Aufmarsch durch die Innenstadt zu veranstalten. Bundesgrenzschutz und Polizei hatten die Demonstration verhindern können. Mehrere Autos mit »wehenden Reichskriegsflaggen« seien in der Wittenberger Innenstadt herumgefahren. Es sei in den späten Abendstunden zu einer Eskalation gekommen, als eine Gruppe von Neonazis »erfolglos« versucht habe, das Jugendkulturprojekt »Schweizergarten« anzugreifen. In den nächsten Wochen würden weitere Aktionen der Neonazis befürchtet.

Am Beginn des in das »Thule-Netz« gestellten Artikels haben die Berliner Nazis eingefügt: »Hallo und Heil euch, Thulianer, insbesondere ›Starbuck‹ aus der Lutherstadt!« Damit ist klar, von wem die Informationen stammen.

Im Dezember wird der Vorfall von Wittenberg, bei dem ein Neonazi durch ein Messer schwer verletzt wurde, vor Gericht verhandelt. Besonders der junge PDS-Abgeordnete Matthias Gärtner, der nur ein Jahr älter als Danny Thüring ist, zeigt sich während der Gerichtsverhandlung solidarisch mit den linken Jugendlichen und informiert die Presse über die Aktivität der Neonazis vor Ort. Er befürchte, so sagt er in Bezug auf Daniel S., den Täter aus der angegriffenen linken Szene, dass von Polizei und Staatsanwaltschaft an dem Verhafteten ein Exempel statuiert werden solle. Es sei völlig unerklärlich, warum ein Jugendlicher wie er, der nicht vorbestraft sei und über einen festen Wohnsitz verfüge und über »gefestigte soziale Bindungen«, angesichts der vorhandenen Beweislage vier Monate in Untersuchungshaft festgehalten werde. Daniel S. sei schon ein weiteres Mal, ein Jahr zuvor, Opfer eines »rechtsextremen Überfalls« geworden. Und auch sein Bruder sei vor wenigen Monaten auf offener Straße von fünf oder sechs Neonazis zusammengeschlagen worden.

In der Verhandlung zeigt sich, was unter der »vorhandenen Beweislage« zu verstehen ist. Es stellt sich heraus, als die Zeugen vernommen werden: Ein Mitglied der »Kameradschaft«, Silvio Z., so bestätigen mehrere Augenzeugen, habe dem Täter Daniel S. eine Gaspistole direkt an den Kopf gehalten. Daniel S. habe sich dagegen wehren müssen. Nach Angaben von Polizeizeugen hatten Anwohner einen

Schuss gehört und entsprechenden Gasgeruch wahrgenommen. Der Verteidiger des Angeklagten stellt den Antrag, angesichts dieser Sachlage den Angeklagten aus der Haft zu entlassen.

Auch diese Nachricht wird im »Thule-Netz« verbreitet, zusammen mit dem drohenden Kommentar: »Sie sollen ihn nur rauslassen, den guten Daniel!!!«

Seitdem war der PDS-Abgeordnete Matthias Gärtner aus Wittenberg für die Rechten das bevorzugte Hassobjekt. Einige Tage später schreibt ein BBZ-Redakteur im »Thule-Netz«, direkt an »Starbuck« gerichtet: »Ich erbitte von dir eine umfassende Darstellung. Bitte gehe auch genau auf die Lügen und Verdrehungen ein. Die Qualle Gärtner verdient es im Übrigen auch, noch mal genauestens durchleuchtet zu werden. Für den vollständigen Namen, sowie bürgerliche Adresse des Daniel S. interessiert sich die Berliner Anti-Antifa.«

Das Gericht sprach den Täter wegen Notwehr frei. Die Wittenberger Nazis verbreiten darauf die Parole: Der massive »Druck von Kommunisten« hätte wieder einmal die Unabhängigkeit der Justiz in Frage gestellt.

Doch werden derartige Überfälle wirklich von Danny Thüring organisiert, und wenn ja, wie? Heute sagt er über die damaligen Auseinandersetzungen: »Eigentlich waren beide Seiten nicht auf Gewalt aus.« Wenn das stimmt: Warum kam es dann dazu? Offenbar hatte es vorab keinen Plan gegeben, keine Befehle des »Kameradschaftsführers« Danny Thüring. Die Messerstecherei von Wittenberg zeigt die entstehende Dynamik zwischen dem, was eine Gruppe von Neonazis will, und der Rolle, die ihr Anführer spielt.

Offenbar gab es keinen Befehl und keine Anweisung, zu einem bestimmten Termin oder an einem bestimmten Ort den »Feinden« der Neonazis aufzulauern. Da Danny Thüring gewalttätige Aktionen »offiziell« ablehnte, wäre ihm daran auch nicht gelegen gewesen. Aber als seine »Kameraden« die linken Jugendlichen erblickten, gab es offenbar kein Halten mehr: Sie griffen sie an. Der Anführer muss derartige Aktionen in Kauf nehmen, auch wenn er persönlich dagegen ist, sonst verliert er seine Funktion für die Gruppe. Die Gruppe sucht sich einen Anführer passend zu ihrer Weltanschauung. Und Danny Thüring will der Anführer bleiben.

Neonazis wollen ihre politischen Gegner, worunter sie unter anderem alle verstehen, die sich gegen Rassismus wenden, von der Straße verjagen, wollen demonstrieren, dass sie die Stärkeren sind. Der öffentliche Raum, ein Platz, eine Strasse, ein Haus, in dem sich viele treffen, symbolisiert Macht. Und Macht strahlt positiv auf andere aus. Wer den Raum erobert, zeigt, dass er stärker ist als andere. Deshalb planen organisierte Nazis zweigleisig: Wenn antifaschistische und andere linke Jugendliche sich öffentlich nicht mehr zeigen können, ohne Gefahr zu laufen, überfallen oder angepöbelt zu werden, hoffen die Rechten, dass Unentschlossene oder politisch Uninteressierte sich ihnen zuwenden, der scheinbaren Mehrheit, die verspricht, Schutz zu bieten. Wer sich in einer Stadt, deren Plätze und Straßen von Neonazis unsicher gemacht werden, als »Linker« outet, braucht schon ein starkes Motiv, denn er oder sie bekommt regelmäßig Ärger. Wer jedoch seine Ruhe haben will, wer nur die Freizeit in einem Jugendklub oder in der Disko verbringen will, wird sich, so sieht man es in vielen Städten, dem »Mainstream«, was Kleidung, andere äußere Merkmale und auch die Meinung betrifft, dem anpassen, was »angesagt« ist. Zum anderen versuchen organisierte Nazis – auch heute noch – allein durch ihre Präsenz an den Orten, an denen sich Jugendliche treffen, andere abzuschrecken, auch wenn es nicht zu Gewalttaten kommt. Gilt aber erst ein Jugendzentrum als Treffpunkt der »Rechten«, trauen sich die, die eine andere politische Meinung vertreten, dort nicht mehr hin. Wer also die öffentlichen Räume einer Kleinstadt oder eines Dorfes besetzt, erzeugt automatisch einen »Sog« und bekommt noch mehr Zulauf. Deshalb ist es falsch, »beiden Fraktionen«, »links« und »rechts«, jeweils einen Ort zuzuweisen, einen Raum in einem öffentlichen Gebäude oder gar ein ganzes Haus.

Danny Thüring versucht, bei verschiedenen Behörden der Stadt und im Landkreis vorstellig zu werden. Er behauptet, er und seine Gruppe suchten einen Raum »für die politische Arbeit eines noch zu gründenden Vereins«. Neben dem scheinbar seriösen Anliegen lässt er Flugblätter in Wittenberg verteilen, um die Bürger gegen das autonome Jugendzentrum »Schweizergarten« aufzuhetzen, wo sich viele Linke treffen, und sich selbst als »Bürgerinitiative für Recht und Ordnung« darzustellen. Dazu muss er das Bild, das die Gruppe nach außen abgibt, korrigieren. Öffentlich sichtbare Gewalt passt nicht zu einer Pseudo-Bürgerinitiative.

Die »Kameradschaft Elbe-Ost« verteilt unter anderem ein Flugblatt, das das autonome Jugendzentrum »Schweizergarten« diffamiert: Dort käme es »infolge eines übermäßigen Drogenkonsums zu gewalttätigen Übergriffen.

›Punks‹ und ›Autonome‹, auch Mitglieder der PDS bedrängen oder bedrohen hier Andersdenkende. Ältere Bürger müssen sich übelste Beschimpfungen gefallen lassen.«
Wenn Neonazis sich als »Andersdenkende« bezeichnen, ist die Absicht deutlich: Sie tun so, als gäbe es zum Thema Holocaust, zu den Themen Rassismus und Antisemitismus verschiedene »Meinungen« und jeder könnte sich entscheiden, ob er oder sie zum Beispiel denkt – wie Neonazis – der Holocaust sei »eine alliierte Propagandalüge« oder derartigen Unsinn mehr. Und wer behauptet, Menschen mit dunkler Hautfarbe gehörten nicht zur deutschen Nation oder dürften nicht die deutsche Staatsangehörigkeit besitzen, hat zwar eine rassistische Meinung – er darf aber nicht glauben, diese Ideen hätten ein Anrecht darauf, gleichberechtigt neben den geltenden Vorstellungen bestehen und akzeptiert zu werden und in Gestalt eines Treffpunkts oder Vereinslokals von Politikern auch noch belohnt zu werden.

Neonazismus hat mit Pluralismus nichts zu tun. Dennoch wird auch Danny Thüring von einem naiven Landrat des Kreises auf seinem Handy angerufen. Ob nicht ein Treffen möglich sei? Dieses findet statt, aber das, was der »Kameradschaftsführer« Thüring fordert – ein eigenes Haus für die rechte Szene –, erfüllt sich nicht. Das liegt aber nicht an dem Landrat, mit dem verhandelt werden soll, sondern an der örtlichen Presse, die ihrem journalistischen Auftrag gerecht wird: Die Nazi-Postille »Berlin-Brandenburger Zeitung« nämlich tönte erfreut, die örtliche CDU würde die Rechten in ihrer Forderung nach einem eigenen Treffpunkt unterstützen. Das Wittenberger »Freizeit Magazin« setzt sich damit kritisch auseinander und schreibt weiter in Bezug auf das Projekt »Schweizergarten«: Christian Wendt, Frank Schwerdts rechte Hand und Redakteur der BBZ, freue sich unverhohlen darüber, dass sogar CDU-Mitglieder die Kampagne der »Kameradschaft Elbe-Ost« und der »Nationalen« gegen den »Schweizergarten« guthießen. »Nach seinen Worten hätten sich Christdemokraten mit Spenden und der Aufforderung ›Macht weiter so!‹ an die Kameradschaft gewandt, nachdem diese mit einem Flugblatt gegen den ›Schweizergarten‹ hetzte.«

Die »Junge Welt« aus Berlin setzt noch einen drauf: Im Mai 1996 schreibt sie: Der Fraktionschef der Wittenberger CDU habe bestätigt, dass die CDU Initiativen gegen das Jugendprojekt unterstütze, vor allem beratend. Die CDU dementierte natürlich sofort und wehrte sich mit Händen und Füßen gegen den Verdacht, Danny Thüring und seiner Truppe hilfreich zur Seite zu stehen. Der »Kameradschaftsführer« erinnert sich heute daran, dass in privaten Gesprächen zwischen einigen »Kameraden« und örtlichen Politikern durchaus Sympathien geäußert wurden, weil das von den Linken frequentierte Haus »Schweizergarten«, besonders in den Augen des CDU-Stadtratsvorsitzenden, kein »Jugendprojekt« sei. Der sagt sogar der Presse: »Das ist eine besetzte Immobilie und sonst nichts.« Und da immer alles, was nicht zusammengehört, in einen Topf geworfen wird, sagt der Mann beschwichtigend einer Reporterin, dass seine Partei »keinen Extremisten – weder linken noch rechten – unter die Arme greift«. Derartige Stimmen sind natürlich ein fatales Signal, denn sie stellen Rassisten, Antisemiten und Holocaust-Leugner auf eine Stufe mit antifaschistischen Jugendlichen, auch wenn man zugeben muss, dass nicht alles, was in dieser linken Szene geschieht, immer erfreulich ist. Wer ein Haus besetzt, tut etwas, was den Gesetzen widerspricht. Wer diese Jugendliche aber vergleicht mit anderen , die aus niedrigen Motiven, aus blankem rassistischem Hass, andere überfallen und zusammenschlagen, hat nichts begriffen.

Wer wen wie unterstützt, gerät in Wittenberg bald zum Anlass, sich öffentlich zu streiten. Die CDU fordert, dass der »Schweizergarten« geräumt werden sollte. Eine Legalisierung oder ein Mietvertrag kämen nicht in Frage. In dem Objekt, das die Besetzer in Eigenregie teilweise renoviert und ausgebaut hatten, fanden seit zwei Jahren kulturelle Veranstaltungen und Konzerte statt. Die Nachbarn störte das mitunter. Als Mitglieder der örtlichen SPD sich dazu bereit finden, das Haus in Augenschein zu nehmen, sind sie angenehm überrascht. Eine Stadträtin sagt der lokalen Presse: »So schlimm sind die ja gar nicht. Ich bin nicht dafür, dass man sie da raussetzt.«

So zogen also die CDU von Wittenbergund die »Kameradschaft Elbe-Ost« beim Thema »Schweizergarten« an einem Strang, obwohl die christliche Partei mit den Neonazis rein gar nichts zu tun haben wollte. Und um öffentlich zu zeigen, dass sie, die Rechten von Wittenberg, auch von anderen, mit ihnen sympathisierenden Jugendlichen und von »Nationalen aus ganz Sachsen-Anhalt« unterstützt werden, rief Danny Thüring per Flugblatt dazu auf, die Wittenberger Geschäftsstelle der PDS »friedlich« zu besetzen. Die Idee stammt aber vom Neonazi Christian Wendt aus Berlin, der die Aktion den Wittenbergern bei einem Besuch in Berlin vorgeschlagen hatte. Aus der Besetzung wurde jedoch nichts. Da der »Kameradschaftsführer« Danny Thüring befürchtete, es würde zur Randale kommen, wenn das Ereignis überregional verkündet würde, verlief alles im Sande.

Über die Mailboxen verbreiten die Berliner Neonazis wie Christian Wendt jetzt auch Termine und Treffpunkte für Demonstrationen. Zum Beispiel ein »Seminar«, das als »Ferienlager im Riesengebirge« getarnt wird: »Wir werden zusammen mit westdeutschen Kameraden wichtige Fragen der Gruppenführung, auch Rhetorik behandeln.« Pro Teilnehmer kostet das »Seminar« 35 Mark.

Danny Thüring schreibt Ende August im »Thule-Netz«: »Ich schlage heute mal wieder mein ›Leib- und Magenblatt‹ ›Junge Welt‹ auf.« Er zitiert anschließend einen Artikel, in dem es darum geht, dass im »Thule-Netz« angeblich »schwarze Listen« politischer Gegner verbreitet würden. Starbuck kommentiert die Meldung mit den Worten: »Offenbar können die Herrschaften nicht richtig lesen. Nicht das Thule, sondern die Anti-Antifa bietet diese Unterlagen (gemeint sind die »Schwarzen Listen«, B. S.) ausschließlich zu Dokumentations- und Recherchezwecken« an, die nur an »Gruppen mit berechtigten Interessen« herausgegeben werden. Starbuck wendet sich gegen Vergeltungsaktionen: Auch sei es nicht wahr, dass zu Aktionen gegen den Wittenberger PDS-Abgeordneten Matthias Gärtner aufgerufen werde.

Angesichts jener Mail der »Berlin-Brandenburger Zeitung« mit der Aufforderung, den PDS-Politiker »genauestens zu durchleuchten« – für seine Adresse interessiere sich die »Anti-Antifa« –, fragt man sich natürlich, ob Thüring alias »Starbuck« wirklich geglaubt hat, das alles sei nur ein harmloser Spaß. Und wenn man weiß, dass die Berliner Anti-Antifa zu der Zeit vom fanatisierten Detlef Nolde organisiert wird, der schon im Kopf das Szenario durchspielt, alle politischen Gegner in Lager zu »separieren«, weiß man, wie ernst diese Sätze bei einigen im Neonazi-Milieu genommen werden und welche Konsequenzen das haben kann.

Danny Thüring, das muss man ihm glauben, meinte es immer ernst, wenn er sich – eher theoretisch – gegen Gewalt ausspricht, auch zu der Zeit, als er aktiver Neonazi ist. Das bedeutet jedoch nichts: In der Praxis ist das anders. Die meisten Mitglieder seiner Gruppe sehen in Gewalt ein legitimes Mittel der »politischen Arbeit«. Und die sind in der überwältigenden Mehrheit. Mit »Kameraden« wie Christian Wendt hat Danny Thüring deshalb häufig Probleme. Er lässt sich nichts anmerken, wenn er und andere Wittenberger wieder einmal in Berlin sind und sich neue Anweisungen holen. Aber ihn stört, dass die Berliner »Kameraden« mit dem Thema Gewalt anders umgehen als er. Heute sagt er: »Für solche Leute wie Wendt ist immer klar gewesen, dass wir, die Neonazis, irgendwann zuschlagen müssten. Der stellt sich das vor wie in der ›Reichspogromnacht‹«, als nach der Machtergreifung Hitlers überall in Deutschland Synagogen angezündet und Juden und die Gegner des Regimes verhaftet und eingesperrt wurden. Die Anführer der Neonazis nähmen den anderen das Denken ab. Es habe nie eine »Diskussionskultur« gegeben. Und besonders gefährlich findet er heute, wenn er über die damalige Zeit nachdenkt, »dass die Gewaltschwelle bewusst nach unten gesetzt wird«.

Zahlreiche Mitglieder der »Kameradschaft Elbe-Ost« geraten nicht nur politisch auf die schiefe Bahn, sondern werden zunehmend auch kriminell. Enrico P. bricht diverse Autos auf, stiehlt sie; ein befreundeter Polizist aus Wittenberg nimmt dann die Schadensmeldung auf und gibt der Versicherung einen höheren Schaden an. Eine Hand wäscht die andere. Auch der »Kameradschaftsführer« wird – indirekt – bestohlen. Jemand erbricht den Spielautomaten in der Kneipe, in der er arbeitet, und lässt außerdem noch mehrere Flaschen Alkohol mitgehen. Thüring weiß, wer es war, kann es aber nicht beweisen.

Ihm gelingt es nicht mehr, die mehrere Dutzend Leute, die mittlerweile den harten Kern der Wittenberger Szene ausmachen, auf seine Linie einzuschwören. Die Mehrheit der Wittenberger Rechten will nicht politisch arbeiten, will nicht mit Politikern verhandeln oder irgendwelche konkreten Forderungen durchsetzen, wie er es zumindest versucht hat. Die zumeist jugendlichen Neonazis nehmen die Versuche ihres Anführers, eine Art »Lokalpolitik« zu machen, nicht ernst. Die meisten wollen nur Randale und Gewalt. Das bringt ihnen mehr »Spaß«, Terror gegen Andersdenkende entspricht ihrem Lebensgefühl. Thüring verliert die Kontrolle über die Truppe, über deren Bereitschaft zur permanenten Gewalt.

Auch Frank Schwerdt aus Berlin erkennt, dass der »Kameradschaftsführer« nicht mehr der richtige für seine Zwecke ist. Er weiß genau, Gewalt nützt seinen neofaschistisch geprägten Absichten nur, wenn sie sich gegen konkrete Ziele richtet, wenn sie die Gegner einschüchtert, Personen also, die sich öffentlich gegen Nazis positionieren. Aber Gewalt nützt weniger, wenn sie überall in der Stadt präsent ist – wie in Wittenberg üblich – und die »normalen« Bürger, die nicht angegriffen werden, erschreckt. Schwerdt suggeriert deshalb in Gesprächen vor Ort, ein anderer müsse den »Job« machen, der sich besser durchsetzen könne. Wahrscheinlich gefällt dem Berliner Neonazi auch nicht, dass Thüring den Schwerpunkt der Arbeit auf Wittenberg und Umgebung legen will, während Schwerdt die »Kameradschaft« in seine überregionale Organisation einbinden und für seine eigenen Ziele ausnutzen will.

Die Wahl der Gruppe fällt auf Chris Danneil, der als so besonnen gilt wie Thüring, aber sich mehr Respekt verschaffen kann. Danneil wird daher neuer Chef der Truppe, wieder in einer Abstimmung, deren Ergebnis vorher schon feststeht.

Danneil gibt die Devise aus, man müsse sich von den häufig alkoholisierten Krawallmachern und Schlägern trennen. Das ist auch im Sinne Frank Schwerdts. Deshalb lösen die Neonazis ihre »Kameradschaft Elbe-Ost« auf. Der harte Kern firmiert weiter unter dem Logo »Kameradschaft Wittenberg« – dem ursprünglichen Namen.

In den letzten Märztagen fährt Danny Thüring wieder einmal nach Berlin zu Frank Schwerdt, um konkrete Instruktionen und Propagandamaterial abzuholen. Er bekommt außerdem eine schriftliche Einladung zu einem Fest, dem Polterabend zur Hochzeit von Mike Penkert, einem Berliner Neonazi. Das Fest sollte am 17. April in einem Gartenlokal in Berlin-Treptow stattfinden. Er, Thüring, und die Wittenberger »Kameraden« seien eingeladen.

Zu Hause spricht sich das kommende Ereignis herum. Nur wenige haben ein Auto. Aber der neue »Kameradschaftsführer« Chris Danneil kennt jemanden, der einen Wagen zur Verfügung stellen will, ja ankündigt, selbst gern mitzukommen. Der Betreffende ist Olaf Sch., 32, der in seinem Umgang offenbar wenig wählerisch ist. Sch. war, so erzählt Thüring, früher, zur Zeit seines Wehrdienstes beim Wachregiment »Felix Dzierzinski« des Ministeriums für Staatssicherheit in der »Hauptstadt der DDR«, stationiert an der Grenze zu West-Berlin. Das habe jeder in Wittenberg gewusst. Olaf Sch. sei anschließend bei der Bahn beschäftigt gewesen, aber bald zu einer Größe im kleinen Wittenberger Rotlichtmilieu »aufgestiegen«. Da einige der »Kameraden« in den einschlägigen Etablissements verkehrten, dort auch zeitweilig als Türsteher oder »Rausschmeißer« arbeiteten, kennt man sich. Olaf Sch., so berichtet Danny Thüring, habe immer Geld gehabt, obwohl die zum Milieu passenden Geschäfte nicht mehr so gut liefen. Irgendwann waren ein paar russisch sprechende Herren mit härteren Manieren als die der Wittenberger aufgetaucht und hatten unmissverständlich klar gemacht, dass ihnen jetzt die Lokale gehörten. Niemand habe zu widersprechen gewagt.

Olaf Sch. fährt einen gebraucht gekauften schwarzen Audi V8, Neuwert 120 000 Mark, dessen Innenraum mit Lautsprecherboxen ringsum beschallt werden kann. Er hat zwei Wochen vor der Party in Berlin ein Mädchen kennen gelernt, das mit der rechten Szene nichts zu tun hat. Er will die Gelegenheit nutzen, um mit ihr die Hauptstadt zu besichtigen. Die Hinfahrt verläuft problemlos, auch während des Polterabends geschieht nichts Ungewöhnliches.

Während dieser Feier hätten sie sich die ganze Zeit über nur mit Frank Schwerdt unterhalten, berichtet Danny Thüring. Sie kannten sonst kaum jemanden. Dann aber, am frühen Morgen, brechen sie auf. Thüring setzt sich vorn neben Enrico P., der, stocknüchtern, das Auto nach Wittenberg zurückfahren wird. Die anderen haben viel Alkohol konsumiert. Hinten haben Olaf Sch., seine Freundin und Chris Danneil Platz genommen. Kurz darauf steigen zwei andere Partygäste ein, deren Namen die Wittenberger nicht kennen. Sie wollen ein Stück mitfahren. Jetzt sind sieben Personen im Wagen.

Im Audi muss ein infernalischer Krach geherrscht haben. Enrico P. kann sich später noch an den Namen der Gruppe erinnern, deren Musik im Kassettenrekorder abgespielt hat. Es ist eine Nazi-Skinheadband, deren Texte auf dem Index der »Bundesprüfstelle für jugendgefährdende Schriften« stehen.

Am Bahnhof sagt einer der beiden Mitfahrer auf der hinteren Sitzbank: »Lass uns an der Ampel raus.« Das geschieht. Enrico P. hält an. Ob während der kurzen Fahrt eine Unterhaltung zwischen den Personen auf der Rückbank stattgefunden hat, darüber können die beiden vorn Sitzenden wegen der lauten Musik wenig sagen. Es gab wohl eine Debatte über die Frage, wann die neonazistische FAP verboten worden sei. Dieser Streit muss zwischen Danny Thüring auf dem Beifahrersitz, Olaf Sch. und Detlef Nolde, dem einen der beiden Mitfahrer, der den Wittenbergern unbekannt ist, und dem zweiten, Lutz Schillok, stattgefunden haben. Später steht in der Zeitung, einer der Berliner, womit nur Detlef Nolde gemeint sein kann, hätte sich »gebrüstet«, in der FAP »eine führende Rolle gespielt zu haben«, was im Fall Noldes ja auch zutrifft. Nur an dieses Thema kann sich Thüring heute noch erinnern. Auch er war damals ziemlich angetrunken. Olaf Sch. habe sich auch darüber beschwert, dass einer der beiden Berliner an den hinteren Aschenbechern rüttelte oder den Inhalt auf den Boden des Wagens schüttete.

Nolde und Schillok steigen aus, Olaf Sch. folgt ihnen. Auch Danneil verlässt den Wagen durch die hintere linke Tür und geht um das Heck des Audi herum, vielleicht, um Olaf Sch. beizustehen, falls es zu einer Auseinandersetzung aus irgendeinem nichtigen Anlass kommen würde. Das muss recht schnell gegangen sein, denn niemand kann sich an ein Wortgefecht draußen erinnern. Fahrer und Beifahrer bleiben sitzen. Sie erwarten wohl, dass die Wittenberger sehr schnell wieder einsteigen.

Doch draußen wird Tränengas gesprüht. Das bekommt Danny Thüring mit. Lutz Schillok zieht ein Messer und sticht mehrere Male auf Chris Danneil ein. Der bricht sofort blutüberströmt zusammen. Dann dreht sich Schillok zu Olaf Sch., hebt den Arm und stößt ihm das Messer direkt in das Herz. Sch. schleppt sich zurück in den Wagen und sinkt neben seiner Freundin auf dem Rücksitz zusammen. Die beiden Berliner wenden sich ab, da kommt Schillok zurück und stößt noch einmal auf den am Boden liegenden Danneil ein. Dabei ruft er irgendetwas, Thüring kann sich an ein Schimpfwort erinnern, das wie »Hier, du Hund« oder so ähnlich klang.

Erst jetzt merken die Insassen des Wagens, dass etwas Furchtbares geschehen ist. Enrico P. läuft auf die Fahrbahn, hält einen Lieferwagen an und bittet den Fahrer, die Polizei zu benachrichtigen. Der fragt noch, ob die beiden Männer, die er sich entfernen sieht, etwas mit der Angelegenheit zu tun hätten.

Um 2.52 Uhr erhält die Berliner Feuerwehr eine Meldung der Polizei: »Eine verletzte Person nach Messerstich.« Der Notarztwagen erreicht den Tatort um genau drei Uhr. Fünf Minuten vor Eintreffen des Arztes erreicht die Feuerwehr ein weiterer Anruf der Polizei. Es handele sich um »schwere Verletzungen«. Die Feuerwehr hat immer noch keine exakten Angaben darüber, um wie viele Personen es sich handelt.

Zuerst kommt ein Polizeiwagen ohne eingeschaltetes Blaulicht, die Beamten leiten sofort Wiederbelebungsmaßnahmen bei dem Opfer ein, das auf der Straße liegt. Erst als der Notarztwagen eintrifft, bemerkt man, dass noch ein zweiter Verletzter auf dem Rücksitz des Wagens kauert. Der stirbt, noch während die Sanitäter ihm zu helfen versuchen. Als nach wenigen Minuten weitere Einsatzfahrzeuge der Polizei eintreffen, schwärmen die Beamten aus. Die Straßen sind fast menschenleer. Detlef Nolde und Lutz Schillok werden noch vor vier Uhr nur wenige hundert Meter entfernt festgenommen.

Die Zeitungen in den nächsten Tagen sind voll mit Spekulationen. Die »Bild« verkauft die Story als Aufmacher: »Nazi-Krieg in Berlin«. Sie will erfahren haben, dass in der Szene das Gerücht verbreitet würde, die beiden Ermordeten seien V-Männer des Verfassungsschutzes gewesen. Man darf annehmen, dass das schlicht erfunden worden ist, um die Geschichte interessant zu machen.

Auch im »Thule-Netz« wird der Fall in den nächsten Tagen diskutiert. Thomas Wulff alias »Steiner« aus Hamburg und Frank Schwerdt aus Berlin hätten, so heißt es, ein großes Interesse daran, die Angelegenheit aufzuklären. »Steiner« verfasst an alle Neonazis in Deutschland ein Rundschreiben: (Rechtschreibung im Original) »Heil Euch, Kameraden. In der Nacht vom Mittwoch wurden nach einer Hochzeitsfeier im Raum Berlin, zwei junge Kameraden ermordet. Zwei, sich selbst wohl ebenfalls als Kameraden bezeichnende, Täter konnten festgenommen werden und sitzen in Haft. Laut Augenzeugenberichten gab es kurz zuvor einen Streit untereinander. Es kam daraufhin zu Handgreiflichkeiten, die damit endeten, dass die aus Berlin stammenden Täter ihre Opfer festhielten und zumindest dem einen, die Kehle durchschnitten ... Es ist für uns nicht begreifbar, wie so etwas geschehen kann. Diese Leute haben nichts begriffen. Sie haben sich Meilenweit außerhalb unserer Gemeinschaft gestellt, dass es fraglich erscheint ob sie bei allem was sie je sagten und taten jemals zu unserer Gemeinschaft gehörten.« Thomas Wulff schließt das Rundschreiben mit den Worten: »Wir sagen deshalb unsere Teilnahme an der Geburtstagsfeier zu Ehren unseres Führers (gemeint ist Adolf Hitler, B. S.) ab.«

Frank Schwerdt verfasst einen ähnlichen Brief: Für die beiden Täter gebe es »kein Zurück in unsere Bewegung«. Die »Nationalen« und alle »freien Kameradschaften trauern um zwei hervorragende Mitstreiter für unsere Bewegung«.

Diese Briefe zeigen nicht nur Dummheit und Ignoranz, sondern auch, mit welch erbärmlicher Heuchelei Nazi-Anführer sich im braunen Milieu wichtig machen. Viele Berliner Neonazis, die Lutz Schillok kannten, wussten, dass der, zumal unter Alkohol, zu paranoiden Verschwörungstheorien neigte und dass er immer ein langes Messer bei sich trug. Wer, wie die Anführer der verbotenen FAP, davon spricht, der politische Gegner müsse nach der Machtübernahme erschossen werden, der darf sich nicht wundern, so makaber es klingen mag, dass bei den geistig eher minderbemittelten »Kameraden« der Szene »Freund« und »Feind« manchmal durcheinander geraten – mit den entsprechenden bitteren Folgen. Und Konsequenzen hatte die vollmundig vorgetragene Distanzierung ohnehin nicht. »Die hatten das schnell vergessen«, erinnert sich Danny Thüring. Lutz Schillok wird von der »Hilfsgemeinschaft Nationaler Gefangener« immer noch unterstützt, von Teilen der Szene als »Märtyrer für die Sache« gefeiert, während dieser »Märtyrer« nicht die geringste Reue zeigt und im Gefängnis munter eine »Neuheidnische Gruppe« um sich versammelt, als wäre nichts geschehen. Ganz besonders perfide ist es, eines der beiden Opfer noch für die rechte Szene zu vereinnahmen. Olaf. Sch. war zwar ein ehemaliger Bordellbesitzer, aber kein »hervorragender Mitstreiter«, und schon gar nicht für die »Bewegung«.

Doch wie hat Danny Thüring auf den Doppelmord reagiert? Er ist, wie alle Augenzeugen, außer dem Täter, zutiefst erschrocken. Zudem erfährt er, dass die Freundin des ermordeten Olaf Sch. unter einem heftigen Schock leidet und nicht mehr ansprechbar ist; die Mutter eines der Opfer

Junge Neonazis in einem Jugendclub in Sachsen-Anhalt

muss wegen eines Nervenzusammenbruchs in ärztliche Behandlung. In scharfem Kontrast dazu stehen die Reaktionen der »Kameraden«. Sie geben sich »betroffen«, aber niemand macht Anstalten, irgendwelche ernst zu nehmenden Konsequenzen zu ziehen. Aber welche könnten das auch sein?

Am Tag der Trauerfeier reisen dutzende von Neonazis aus ganz Deutschland an und fahren zusammen mit den Wittenbergern zum Friedhof. Niemand macht sich Gedanken darüber, dass zwischen der menschenverachtenden Weltanschauung, die alle mehr oder weniger konsequent teilen, und dem traurigen Ereignis vielleicht ein Zusammenhang bestehen könnte. Natürlich würde kein Neonazi offen zugeben, dass seine Ideologie den Tod anderer in Kauf nimmt. Aber das ist unstrittig: Wer den politischen Gegner physisch ausschalten will, wer alle, die angeblich nicht »deutsch« im Sinne der Rechten sind, aus dem Land prügeln will, der zieht auch Leute an, die sich ständig von Feinden umgeben sehen und dann urplötzlich die eigenen Gesinnungsgenossen dazurechnen. Es gibt einige Neonazis in diesem Milieu, die als eine Art »lebende Bombe« herumlaufen. Ein schlagendes Beispiel ist, neben Lutz Schillok, der Polizistenmörder Kay Diesner. Auch der beschloss, ohne dass es vorher Anzeichen dafür gab, die »Feinde« mit einer Pumpgun niederzumähen. Wer gerade der Feind ist, bleibt mehr oder weniger dem Zufall überlassen.

Danny Thüring erinnert sich heute, dass er insgeheim darauf gewartet habe, dass irgendetwas geschehe, dass ihn im Umfeld der Trauerfeier irgendjemand darauf ansprechen würde, wie er die Ereignisse sehen würde. Das geschieht nicht. Die Rechten gehen einfach zur Tagesordnung über.

Danny Thüring wird schweigsam und verschlossen. Enge Freunde hat er ohnehin nicht, er war immer nur von denen umgeben, die ihn in seiner Funktion als Anführer sahen. Oder als jemanden, der eine Runde Bier ausgab, weil er für den Ausschank in der Kneipe, die als Treffpunkt diente, verantwortlich war.

Zudem spitzt sich seine persönliche Situation zu. Vor einem Jahr ist er zu neun Monaten Haft bei zwei Jahren auf Bewährung verurteilt worden, weil er in Gegenwart eines Polizisten den »Hitler-Gruß« gezeigt hatte. Er muss aufpassen, dass er nicht ins Gefängnis gerät, wenn er sich zu Straftaten, und sei es auch nur ein Propagandadelikt, hinreißen lässt. Er atmet auf, wenn er sich überlegt, dass er nicht mehr »Kameradschaftsführer« ist, nicht mehr dem Druck der Gruppe unterliegt, wenn es um Aktionen geht. Um sein Studium der Betriebswirtschaft hat er sich in den letzten Monaten kaum gekümmert. Viel lieber sitzt er jetzt zu Hause am Computer und baut seine Programmierkenntnisse aus. Wenn er ehrlich gegenüber sich selbst ist, weiß er, dass er weder eine ordentliche Ausbildung noch einen Beruf hat.

Er lebt im Augenblick kärglich von einer »Arbeitsbeschaffungsmaßnahme« und arbeitet im Wittenberger Umweltarchiv. Das hält ihn finanziell gerade über Wasser, befriedigend aber ist es nicht für ihn. Ansonsten lebt er unbehelligt: Obwohl sich in der Kleinstadt jeder kennt und sein Name oft in der Zeitung gestanden hat, fragt ihn jedoch niemand nach seiner Einstellung. Das hätte aber interessieren sollen und können, da er in den nächsten Monaten mehrere Male nach Berlin muss, um als Zeuge zur Verfügung zu stehen.

Die Arbeit in der Umweltbibliothek füllt ihn nicht aus – und er kann sich seiner Leidenschaft, dem Computer und dem Programmieren, daneben nicht ausreichend widmen. Er weiß auch, dass sein kleiner Job nur bis 1998 gesichert ist; danach wird die Maßnahme auslaufen.

Er sagt, er habe damals nur »herumgehangen«. Oft quälen ihn Albträume, in denen die Ereignisse jener schrecklichen Nacht auftauchen. Immer seltener nimmt er an Treffen der rechten Szene teil. Politische Arbeit, wie er sie sich früher vorgestellt hat, spielt keine Rolle mehr. Er hat auch keinen Einfluss auf die »Kameraden«, die einmal auf ihn gehört haben. Die gehen ihre eigenen Wege. Er fühlt sich wie paralysiert, er möchte alle Erinnerungen am liebsten betäuben. Er möchte auch nicht darüber nachdenken, welche Perspektiven er hat. Wenn er sich überlegt, was er mit seinem Leben anfangen soll, fällt ihm nichts ein. Er lässt sich treiben, weil er den Kurs nicht kennt.

Engere Kontakte hat er jetzt zu anderen – und es sind wieder die Falschen: Jugendliche, die in Wittenberg mit Drogen handeln, mit Speed, Ecstasy und auch mit härteren Stoffen. Da zwischen dem Rotlichtmilieu und der rechten Szene ohnehin schon seit langem personelle Verbindungen bestehen, ist es nicht schwer, an solches Zeug heranzukommen. Danny Thüring probiert alle Pillen aus, deren er habhaft werden kann. Er fühlt sich nicht unbedingt gut dabei, aber die aufputschenden Substanzen vermitteln ihm das Gefühl, stark zu sein, so stark, dass er auf Menschen zugehen kann, stark, das Leben meistern zu können, obwohl es nicht viel zu meistern gibt. Das Schlimmste ist die Leere, die er jetzt häufig spürt, das Gefühl, dass das Leben gar keinen Sinn hat, dass es keine Aufgabe für ihn gibt, für die er sich einsetzen kann, keine Kumpane, die ihn bestätigen. Die Leere stellt sich immer öfter ein, wenn er die Pillen nicht nimmt. Ohne Pillen ist er nicht »gut drauf«. Ohne Ecstasy ist er nicht glücklich, doch wenn er sich aufputscht, hält das Hochgefühl nicht lange an – bald lässt die Wirkung nach und er fühlt sich schlecht wie vordem.

Vielleicht, so gibt Thüring heute selbstkritisch zu, hatte er auch die Hoffnung, mit dem Dealen des Stoffs zu Geld zu kommen. Insgeheim wusste er aber schon damals, dass diese Hoffnung trügerisch war. Den entsprechenden Handel haben Leute und Hintermänner unter Kontrolle, gegen die die Schläger der rechten Szene Wittenbergs wie kleine Jungen aussehen und denen er lieber nicht im Dunkeln begegnen will.

Ist Danny Thüring ein halbes Jahr nach dem Doppelmord, als er im Zeugenstand steht und viele Neonazis auf den Zuschauerbänken sieht, ein Neonazi? Damals hätte er vielleicht auf die Frage geantwortet: »Ich weiß es nicht.« Er ahnt, dass er die Meinung der anderen, die ihn als Anführer bestätigten, viel zu oft einfach übernommen hat, weil das bequem war und weil es dann keine Konflikte gab. Niemand kann ihm helfen, die Frage zu beantworten: Was will ich? Er hat plötzlich das Gefühl, dass seine politischen Ideen ohne die »Kameraden« nicht viel wert sind, weil sie ihm nicht helfen, das Leben zu bewältigen – genauso wenig wie die Drogen. Die anderen sehen ihn immer noch als den ehemaligen »Kameradschaftsführer« und als Aktivisten des »Thule-Netzes«. Aber er hat sich von der Szene distanziert, weil die Kontakte mehr oder minder eingeschlafen sind. Echte Freunde hatte er ohnehin nicht in seiner »Kameradschaft«, und Neues ist nicht an die Stelle der Gruppe getreten. Er sieht die Zukunft nur noch düster, vergräbt sich immer mehr hinter seinem Computer. Und irgendwann lässt er sich mit Drogen erwischen und wird zu einer Bewährungsstrafe verurteilt.

Als der Zeitpunkt näher rückt, an dem sein Job im Umweltarchiv beendet sein wird, ist er sich nur einer Sache sicher: Wenn er etwas an seinem Leben ändern will, muss er Wittenberg verlassen. Er hat genug davon, immer wieder mit den alten »Kameraden« konfrontiert zu werden oder mit den Leuten, die ihn mit dem »Stoff« versorgen könnten. »Ich musste da raus.« Aber wie?

Er hat für eine kleine Diskothek in Wittenberg eine Webseite programmiert. Nicht sehr aufwändig, aber ordentlich und fehlerlos. Das ist das einzig Positive, das einzig Konstruktive, was er vorweisen kann. Aber von seinem umfassenden Wissen in Bezug auf verschiedene Programmiersprachen, das er sich im Selbststudium angeeignet hat, hat niemand eine Ahnung. In Wittenberg kann das auch kaum jemand, den er kennt, würdigen. Thüring hat sich mittlerweile einen Rechner zusammengebaut, mit dem er surfen kann. Das »Thule-Netz« interessiert ihn nicht mehr, weil Mailboxen technisch ein »alter Hut« sind – im Vergleich zum Internet, der Mutter aller Netze, das immer mehr in den Medien diskutiert wird. Die Technik seiner »alten Kameraden« langweilt ihn, und auch – immer mehr – die politischen Diskussionen dort.

In anderen Bereichen aber werden Leute wie er gesucht. Viele neu gegründete Firmen halten händeringend Ausschau nach Programmierern, die in der Lage sind, Webseiten zu gestalten die sich mit Datenbanken auskennen, die selbst neue Software erstellen. Es gibt nur wenige Fachleute, in der Schule wird das nicht gelehrt. Das kann man sich nur selbst, von der Pike auf, beigebracht haben.

Dann sieht Danny eine Stellenanzeige, online, im Internet: Eine junge Firma in Frankfurt am Main sucht jemanden – eine Art Allroundtalent mit genau dem Wissen, das er hat. Zwei Wochen Probezeit, und 1000 Mark pauschal werden angeboten. Doch Thüring weiß auch, dass die Leute sich dort vermutlich schaudernd abwenden werden, wenn sich der Ex-»Kameradschaftsführer« der Neonazis von Wittenberg bei ihnen als Webdesigner bewirbt. Aber das Jobangebot sieht er als seine letzte Chance. Und er beschließt alles auf eine Karte zu setzen.

Thüring hat noch nicht einmal genug Geld, um sich eine Fahrkarte nach Frankfurt zu kaufen. Er war noch nie dort und er hat keine Ahnung, was man in der Firma von ihm erwarten wird. Doch er bewirbt sich per E-Mail, gibt als einzige Referenz für das, was er kann, die Website der Diskothek an und schreibt, er könne genau das programmieren, was verlangt werde. Das Arbeitsamt bezahlt ihm die Fahrkarte. Man ist wohl froh, dass jemand genug Initiative hat, sich selbst einen Job suchen zu wollen. Danny Thüring packt ein paar Sachen, viel braucht er nicht, und macht sich auf die Reise, weg von Wittenberg, auf in die hessische Großstadt, weit weg im Westen. Insgeheim schwört er sich, dass er niemandem dort erzählen wird, wer er ist – oder war. So ganz genau weiß auch er das noch immer nicht. Er hofft auch, dass in Frankfurt niemand auf die Idee kommt, im Internet nach den Worten »Danny Thüring« zu suchen. Zahlreiche Zeitungsartikel, die jeder online einsehen kann, erwähnen seinen Namen in einschlägigem Zusammenhang. Wenn ihn jemand darauf anspräche, so sagt er sich, würde er behaupten, dass es sich um eine zufällige Namensgleichheit handele.

Doch es fragt niemand. Vermutlich kommt auch niemand auf die Idee, einen ehemaligen Neonazi vor sich zu haben, auch wegen der Behinderung Thürings.

Thüring arbeitet wie besessen und zeigt, was er kann. Seine Chefs ziehen erstaunt die Augenbrauen hoch: Der junge Mann kennt sich aus wie ein »alter Hase«. Das hätten sie jemandem aus einer Kleinstadt in den neuen Bundesländern gar nicht zugetraut. Und nach den zwei Wochen Probezeit übernehmen sie ihn wie selbstverständlich. Ab sofort ist Danny Thüring gut bezahlter und fest angestellter Webdesigner und Programmierer. Von seinem Anfangsgehalt könnten die »Kameraden« aus Wittenberg nur träumen. Er nimmt sich eine kleine Wohnung, hält sich aber, so oft es geht, in der Firma auf. Das sieht man dort gern. Das Multimedia-Unternehmen bietet Künstlern eine Plattform im Internet, hat höchste Ansprüche und verlangt von den Mitarbeitern das dazu passende Engagement.

Einer der Chefs will leutselig von Danny Thüring wissen, ob es stimmt, dass es in den neuen Bundesländern wirklich so viele Neonazis gebe, wie in den Zeitungen zu lesen steht. Sein neuer Mitarbeiter verschluckt sich beinahe, antwortet dann aber treuherzig: Ja, das könne er aus eigener Anschauung bestätigen. Der Chef nickt. Thüring erfährt, dass einige der neuen Kollegen, sogar der Chef selbst, vor einigen Jahren in der linken Szene von Frankfurt politisch aktiv waren oder sogar noch sind. Einer von ihnen war an der Gründung der alternativen Öko-Bank beteiligt. Wenn ich denen erzähle, denkt er, wer ich war, dann werfen die mich sofort raus. Er lässt niemanden an sich heran, bleibt schweigsam und spricht nur über Hard- und Software.

Nur mit einer der Projektleiterinnen, Kirsten B., redet er ein wenig, wenn sie in der Kantine zusammensitzen. Die scheint zu bemerken, dass den jungen Mann etwas bedrängt, dass er nicht so offen ist, wie er es auf Grund seiner Situation sein könnte. Sie bohrt hartnäckig nach, was er die Jahre über in Wittenberg getrieben habe. Langsam, nach Wochen, taut Thüring auf. Er fasst Vertrauen in seine Vorgesetzte. Zuerst erzählt er von seinen damaligen Drogenproblemen. Seitdem er nach Frankfurt gekommen ist, hat er keine Pille mehr angerührt. Und deshalb fühlt er sich stark genug, diese Phase seines Lebens zu »beichten«. Die junge Frau versteht ihn und verschafft ihm das Gefühl, nicht zurückgestoßen zu werden, wenn er noch mehr über sich verraten würde.

Er ringt mit sich, fürchtet, alles, was er erreicht hat, zu verlieren, wenn er sich als ehemaliger Neonazi outet. Ehemaliger Neonazi? Die Zeit, als er im rechten Milieu verkehrte, liegt schon mehr als ein Jahr zurück. Seine rechte »Weltanschauung« bedeuten für sein neues Leben und für seine neue Aufgabe nichts mehr. Viel mehr noch: Sie würden verhindern, dass er in seiner neuen Umgebung Tritt fasst. Manchmal kommt es ihm vor, als sei die Vergangenheit nur ein schlechter Film. Aber der verfolgt ihn bis in die Nacht. Oft träumt er und sieht zwei Menschen in ihrem Blut liegen. Schweißgebadet wacht er dann auf. Am liebsten würde er das, was er erlebt hat, ungeschehen machen, aus seinem Gedächtnis löschen – nicht nur die schreckliche Nacht in Berlin, sondern alles, was damit zusammenhängt. Die Morde erscheinen ihm immer mehr wie ein Symbol für das, was die rechte Szene, in der er verkehrt hat, ausmacht. Er kann die Bluttat nicht vergessen, er muss mit irgendjemandem darüber reden.

Und dann fasst er sich ein Herz, verabredet sich mit Kirsten B. in einer Kneipe. Der Anfang ist schwer. Er erzählt von den Ereignissen im April 1997 und fühlt sich, als fiele eine schwere Last von ihm ab. Es sprudelt aus ihm heraus, nichts hält ihn mehr zurück. Die ganze Geschichte kommt auf den Tisch. Seine Gesprächspartnerin ist konsterniert. Sie kann es nicht fassen, wen sie da vor sich hat. »Wenn ich

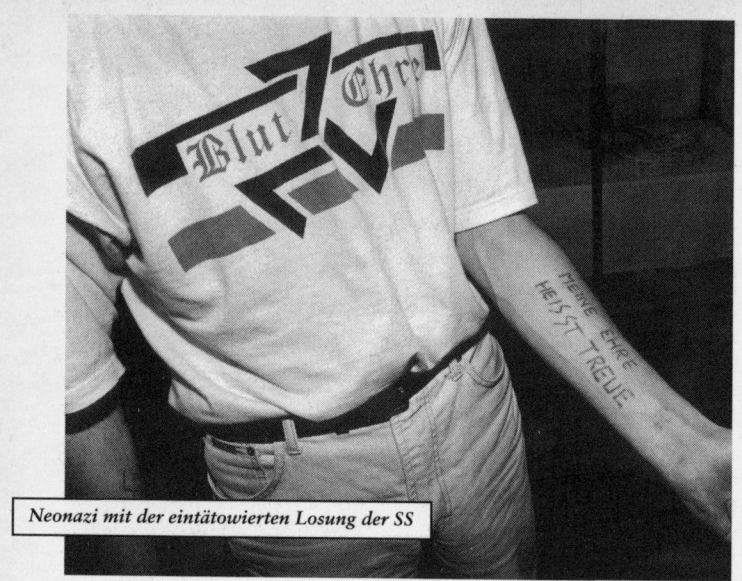
Neonazi mit der eintätowierten Losung der SS

das vorher gewusst hätte«, gibt sie zu, »hätte ich kein Wort mit dir geredet.« Doch alles, was Danny Thüring beichtet, klingt glaubwürdig, auch dass er sich vollends vom Neonazi-Milieu gelöst habe. Zum ersten Mal macht sich auch Thüring mit dem Gedanken vertraut, dass er »ausgestiegen« ist. Wollte er das? Ja, sagt er sich, es war die einzige Chance, sein Leben noch zum Positiven zu ändern, obwohl er das vorher nicht vollends bewusst so vorhergesehen oder gar geplant hatte.

Die beiden beschließen, nur einen der Chefs einzuweihen, aber die anderen Mitarbeiter nicht über die Vergangenheit Thürings zu informieren. Nicht jeder würde einen ehemaligen Neonazi als Mitarbeiter begrüßen, und der Ruf der Firma, falls die Tatsache öffentlich gemacht würde, könnte beschädigt werden.

Die Projektleiterin schlägt zudem vor, ihn mit Leuten in Frankfurt zusammenzubringen, die in antifaschistischen Gruppen arbeiten. So geschieht es. Thüring sitzt zum ersten Mal den Leuten direkt gegenüber, die seine ehemaligen »Kameraden« immer als seine schlimmsten Feinde angesehen haben. Die, so merkt er bald, sind ganz »normal«, beinahe wie er selbst. Er ist angenehm überrascht. Und er dreht jedes Detail seiner Nazi-Karriere um und um. Die vielen vertraulichen Gespräche, die dann folgen, eröffnen ihm einen ganz neuen Horizont. Zum ersten Mal lernt er etwas von anderen Leuten, die mehr wissen als er. Zum ersten Mal ist er nicht mehr der BWL-Student, der klüger ist als die »Kameraden«, denen er die Meinung vordenkt, und der es sich in der Rolle des »Einäugigen unter den Blinden« bequem eingerichtet hat. Zum ersten Mal lernt er ein anderes, anspruchsvolles Niveau kennen.

Doch dann passiert etwas, womit niemand gerechnet hat.

Früh am Morgen tauchen mehrere Polizisten an Thürings Wohnungstür auf und erklären ihm, dass er festgenommen sei. Er wird in eine Untersuchungshaftanstalt transportiert, wo ihm ein Haftrichter eröffnet, wegen eines noch nicht geahndeten Drogendelikts in Wittenberg sei seine Bewährung widerrufen worden. Danny weiß nicht, wie ihm geschieht. Sollte jetzt alles aus sein? Der Job verloren, die Zukunft verbaut? Er ist völlig verzweifelt. Er darf seinen Chef anrufen, doch der meldet sich nicht am Telefon. Thüring spricht ihm ein paar wirre Sätze auf den Anrufbeantworter und hofft, dass sein Chef sich meldet.

Das geschieht. Und Thüring glaubt plötzlich an ein

Wunder. Der Chef, informiert über die Neonazi-Vergangenheit seines Mitarbeiters, telefoniert überall herum, besorgt ihm einen erstklassigen Anwalt und stellt ein hervorragendes Zeugnis aus. Und, was offenbar großen Eindruck bei der Staatsanwaltschaft macht: Er schreibt, er würde seinen Mitarbeiter nicht entlassen, sondern auch nach einer eventuellen Haftstrafe weiter beschäftigen. Günstiger könnte eine »Sozialprognose« nicht sein. Und die Dinge laufen gut für Thüring.

Er bekommt zwar eine mehrmonatige Haftstrafe wegen der Drogendelikte, darf aber nach wenigen Wochen die Justizvollzugsanstalt Weiterstadt tagsüber als Freigänger verlassen. Er behält sogar die eigene Wohnung, muss aber für seine Zelle – so sind die Regeln – zusätzlich eine geringe Miete bezahlen. Bei seinem Gehalt hat Danny Thüring das vermutlich aus der Portokasse beglichen. Und jeden Abend um 22 Uhr meldet er sich pünktlich in dem Gefängnis, um die Nacht dort zu verbringen. Am Tag hat er ständig sein Handy bereit, damit die Verwaltung der Justizvollzugsanstalt, falls sie ihm misstraut, immer weiß, wo er sich während der zwölf Stunden des täglichen Ausgangs gerade aufhält.

Und im November des Jahres 2000 ist er frei. Er fühlt sich entlassen nicht nur aus seiner rechten Vergangenheit, sondern auch aus dem Milieu des Drogenmissbrauchs. Er kann tun und lassen, was er will. Bald entwirft er eine eigene Website, auf der er Jugendliche über die Gefahren aufklärt, die entstehen, wenn man mit Drogen nicht umgehen kann oder sich über die Risiken des Missbrauchs naiv täuscht.

Aber ganz ist er auch heute noch nicht frei von den düsteren Schatten, die die Vergangenheit auf seine Gedanken wirft. »Ich habe das alles aufarbeiten wollen«, sagt er heute, »aber mir ist das seelisch noch nicht völlig gelungen.«

Es kann nur ein Prozess sein.

Michael Petri, Anführer der »Deutschen Nationalen«

Michael Petri

In einem »Handbuch Rechtsextremismus« aus dem Jahr 1994 steht über Michael Petri: »Am 21. Juni 1993 gründete Michael Petri in Mainz eine eigene Partei unter dem Namen ›Deutsche Nationalisten‹ ... Die Konstituierung der ›Deutschen Nationalisten‹ ist sicher eine der bedeutenderen Parteigründungen am rechten Rand in den letzten zwei Jahren. Die zum Teil noch sehr jungen und zweifellos idealistischen Parteimitglieder stellen eine neue Qualität im Spektrum ultrarechter Parteien und Organisationen dar. Hier werden alle Mittel des ›politischen Kampfes‹ miteinander verflochten: offensive, betont legalistische (sich legal gebende, B. S.) Parteiarbeit mit konspirativer Kaderarbeit, Militanz mit Imagepflege als eine soziale Volkspartei.«

Ein anderes Buch, das die »Drahtzieher im braunen Netz« entlarven will, charakterisiert den Parteichef so: »Petri hat keinen Witz, hat nicht die geringste rhetorische Begabung, und wenn ihm seine einstudierten Parolen ausgehen, fängt er eben noch einmal von vorn an und wiederholt sie.«

Zwei Jahre nach der Parteigründung ist Michael Petri ein Neonazi-Aussteiger, seine für die Neonazi-Szene scheinbar »hoffnungsvolle« Parteigründung ist vergessen und die »Deutschen Nationalisten« sind sang- und klanglos verschwunden. Petri war ein »Kader« im braunen Milieu, jemand, der genug organisatorisches Talent hatte, um selbst nach dem Verbot einer Neonazi-Truppe diese unter anderem Namen neu zu gründen und weiterzuführen, wie er es tat. Ein Parteichef also, ein Anführer des braunen Mobs, ein Drahtzieher für legale und illegale Arbeit.

Petri stammt aus der »Wein- und Sektstadt« Hochheim am Main, in unmittelbarer Nachbarschaft des Städtedreiecks Mainz, Wiesbaden und Frankfurt, »eine liebenswerte Stadt mit besonderer Atmosphäre«, wie es in einer Tourismusbroschüre heißt. Kaum Arbeitslosigkeit, vorwiegend gut situiertes Bürgertum, viele Winzer und Bauern in der Umgebung. Petri hat zwei jüngere Brüder, der Vater ist Beamter und wünscht sich für die Söhne eine solide berufliche Laufbahn. Alle Voraussetzungen dafür scheinen zu stimmen: Es gibt keine sichtbaren familiären Probleme, und der Schüler Michael ist fleißig und strebsam und fällt nicht unangenehm auf. Die Eltern empfindet er damals als »ein wenig autoritär«, »Spießbürger« eben. Aber das ist für einen Heranwachsenden keine außergewöhnliche Meinung, ganz gleich, wie die Eltern wirklich sind.

Seit dem 13. Lebensjahr – schon als Schüler –, sagt Petri, sei er »politisch aktiv« gewesen, zuerst in der »Deutschen Volksunion« (DVU) Gerhard Freys. Ein Vorläufer der DVU wurde schon 1971 gegründet und versteht sich als »Sammlungsbewegung« aller Rechten in Deutschland. Von der Partei hat Petri über die »Nationalzeitung« erfahren. Die Schülerzeitung des Gymnasiums hatte über das rechte

Hetzblatt einen Artikel veröffentlicht. Doch warum geht Michael Petri ausgerechnet zur DVU? Deren Chef Frey besitzt zahlreiche Mietshäuser, vor allem in Berlin, hält sich ein riesiges millionenschweres Medien-Imperium, darunter, als Flaggschiff, die auflagenstarke »Nationalzeitung«, und lässt jeden seiner Sätze, obzwar in der Regel sinnfrei, gnadenlos vermarkten.

Da Frey keine Führer neben sich duldet, sind die meisten DVU-»Kader« opportunistische Jasager und nur deshalb in einem Parteiamt, um die Anweisungen aus der Zentrale in München widerspruchslos abnicken zu dürfen. Die Partei gleicht einer Firma, deren »Angestellte« die Willenserklärungen der Zentrale ohne Murren befolgen sollen.

Petri sieht diese frühe Zeit heute als eine Art »pubertären Protestes«. Ja, er wollte sich selbst beweisen, dass er Verbote, Grenzen und gesellschaftliche Tabus übertreten kann. Er hielt sich für schüchtern und zurückhaltend, wagte nur selten, irgendjemandem offen zu widersprechen. Dieser merkwürdige »Protest« wäre nicht die einzige Alternative gewesen, sich von einem Elternhaus zu distanzieren, in dem alles seine Ordnung hat. Er möchte weder eine geregelte Beamtenlaufbahn einschlagen noch als Angestellter den Anordnungen von Vorgesetzten einfach nur folgen. Er möchte nicht wie alle anderen sein, die von einem »normalen« Leben träumen. Er empfindet seine Umgebung, die Gesellschaft als verkrustet, als bewegungsarm, und er will die Gesellschaft verändern. Wie, davon hat er nur eine vage Idee.

Petri hätte sich auch an eine der linken Gruppen wenden können, von denen es in den Achtzigerjahren einige gab, die dem »System« zumindest verbal den Kampf angesagt hatten. Aber der rechte »Protest« gegen die »Spießer« in Form der DVU ist gar nicht so weit von den Idealen entfernt, die gut situierte Damen und Herren aus idyllischen Kleinstädten in Versuchung geraten lassen, zum Beispiel die »Republikaner« zu wählen. In diesem Milieu sind Ordnung, Disziplin, Sauberkeit und Fleiß Tugenden, die nicht diskutiert werden müssen und die mit gepflegten Vorgärten, Gartenzwergen und Hundezwingern sinnfällig zur Schau gestellt werden. Ruhe ist die erste Bürgerpflicht. Wer Krawall will, äußert sich laut beim Bier am Stammtisch, muss aber nicht handeln. Rechts zu wählen ist eine Option, die man den demokratischen Parteien manchmal vorführt, als Spielart eines rechtsnationalen Patriotismus, der sich gegen »proletarische Rabauken« vornehm abgrenzt.

Rechter »Protest« ist immer ein »angepasster« Protest. Er schafft weder neue Werte noch stellt er die alten in Frage. Er fordert nur das Alte, das Bekannte, welches angeblich von denen, gegen die man protestiert, nicht mehr gelebt und verwirklicht wird, neu ein. Das gilt für privilegierte Jugendliche aus Hessen wie für rechte Skinheads in Brandenburg. Nur die äußere Form des »Protestes« stellt sich unterschiedlich dar: hier als rechter und immer noch angepasster Rand der Mitte, dort im Kostüm einer jugendlichen Subkultur der »Glatzköpfe«.

Ein Gymnasiast wie Michael Petri ist für die DVU in Hessen das, was ein Student der Betriebswirtschaft für die »Kameradschaft Wittenberg« bedeutet hat: ein Glücksfall. Einen Jugendlichen aus gutem Hause muss man verhätscheln, ihn in die »richtigen« Kreise einführen, ihm einen unauffälligen politischen Vormund an die Seite stellen. Das geschieht recht schnell. Die DVU-Anhänger und Sympathisanten des Städtchens Hochheim sammeln sich regelmäßig zu einer Art politischem Stammtisch bei einem älteren Mann, Reinhold N. Der argumentiert bedächtig und überlegt und hütet sich, die jungen Leute merken zu lassen, dass er sie in seinem Sinn geschickt indoktriniert. Man fährt gemeinsam zum Jahrestreffen der DVU nach Passau. Nicht die endlosen Tiraden des Parteichefs dort machen für die meisten den Reiz des Ereignisses aus, sondern die »Action«, dabei gewesen zu sein. Es gibt in Passau immer Krawall, entweder von rechten Schlägern, die auf der Straße Jagd auf vermeintliche Gegner machen, oder von antifaschistischen Gegendemonstranten, die nicht verstehen können, dass die Polizei das Recht der Rechten, sich zu versammeln, schützen muss. Das alljährliche »Event« der DVU in Passau ist wie eine Sportveranstaltung, aber mit dem zusätzlichen Kitzel des Verbotenen und für die, die sich in Bussen dorthin karren lassen, ohne den Zwang, wirklich selbst aktiv zu sein.

Michael Petri ist gegen Gewalt. Schlägereien, wie die von Passau, mag er nicht. »Ich war nie kriminell.« Aber die DVU ist ihm dennoch »zu lasch«, zu wenig radikal. Die Partei macht zwar ununterbrochen Propaganda und wird dabei vom Medienimperium des Parteichefs Frey unterstützt, aber Petri möchte nicht, dass nur geredet und argumentiert wird, er möchte handeln. In Hochheim sieht er Aufkleber der »Nationalen Sammlung«. Auch im Unterricht diskutieren die Lehrer mit den Schülern das Thema »Extremismus von Rechts« und klären über diese ominöse

Wahlveranstaltung der »Deutschen Volksunion«

»nationale Sammlungsbewegung« auf. Dahinter stecke der in den Medien oft erwähnte Neonazi-Anführer Michael Kühnen. Michael Petri lässt sich jedoch von den pädagogisch wertvollen Warnungen nicht abschrecken. Etwas, was andere für gefährlich halten, zieht ihn an. Er wird neugierig, will wissen, wer diese Leute sind, vor denen andere Angst haben, und schreibt an die Postfachadresse der »Nationalen Sammlung« – und bekommt prompt Antwort.

Die »Nationale Sammlung« (NS) war eine der zahlreichen neonazistischen Kleinstorganisationen, die Michael Kühnen aus dem Boden stampfte, um einem Verbot der »Freien Arbeiterpartei« (FAP) zu begegnen. Die FAP war damals die größte legale und offen neofaschistische Gruppe in Deutschland. Kühnen hatte zu dieser Zeit nur selten einen festen Wohnsitz, hielt sich aber vorwiegend in Hessen, genauer in Langen auf. Oder er wohnte in einer Neonazi-Wohngemeinschaft in Frankfurt am Main. Die Kleinstadt Langen wollte er zur ersten »ausländerfreien Stadt« Deutschlands erklären. Er kandidierte dort sogar bei den Kommunalwahlen. Das Programm der »Nationalen Sammlung«, das denen anderer Politsekten im braunen Milieu bis aufs Haar gleicht, fordert indirekt die Wiederzulassung der Hitler-Partei, der NSDAP.

Als Petri den »Führer« Kühnen zum ersten Mal persönlich trifft, ist er »beeindruckt«. Auch das ist nicht ungewöhnlich. Derjenige, von dem man beeindruckt ist, muss nur ganz anders sein, als man erwartet, ganz verschieden von dem, was man im Elternhaus oder in der vertrauten Umgebung kennt. Oft spornt die Neugier an, sich dem zu nähern, was als gefährlich gilt, vor allem, wenn in den Medien oder von Lehrern davor gewarnt wird. So ging es zum Teil auch Michael Petri. Kaum jemand findet über Propaganda allein in die rechte Szene. Es sind immer Personen, die den falschen Weg ebnen, die die »prickelnde« Perspektive bieten, Angstlust zu erleben, sich um die gesellschaftlich Geächteten und Verfemten zu scharen. »Ich wollte für etwas Gutes kämpfen«, sagt Michael Petri, »mein Ideal war der ›reine‹ Nationalsozialismus.« Was das sein sollte, wusste er nicht. Er musste nicht Hitler verehren, um national und sozialistisch zu denken. »Gut« ist: die angeblich dekadente Gesellschaft zum Besseren zu wenden, alles von Grund auf zu ändern, sich für eine Sache mit ganzem Herzen einzusetzen.

Er meint, als er mit Kühnen Kontakt aufnimmt, dass die Geschichtsschreibung, das, was er in der Schule gelernt hat, »einseitig und übertrieben« sei. Er hat den Eindruck, dass er über die deutsche Geschichte falsch informiert worden ist. Die Lektüre der Hetzpostillen aus dem Verlagshause Frey hatte dies natürlich gefördert und bestärkt. Und da auch andere Jugendliche, mit denen er Kontakt hat, und ältere Angehörige der Rechten dieser Meinung sind, fühlt er sich nicht allein. Petri ist sich nicht mehr bewusst, dass er in Gesprächen mit Leuten wie Michael Kühnen Gedanken übernimmt, die jeder normale Mensch als Ekel erregend und menschenverachtend empfindet. Wenn es um das »Kleingedruckte« geht, das, was den Kern der Nazi-Ideologie ausmacht –, rassistische Vorurteile und antisemitische Verschwörungstheorien – geben sich die Anführer der rechten Szene zunächst wortkarg. Zu Beginn müssen die weniger verfänglichen Themen vorgebracht, Zweifel an der angeblich »vorherrschenden« Meinung gesät werden, damit der Boden bereitet ist für noch abstrusere Thesen. Und Michael Petri ist zu jung und zu unerfahren, um zu merken, dass die älteren Neonazis ihn geschickt manipulieren.

Michael Petri hat sich dazu, lange nach seinem Ausstieg, seine Gedanken gemacht. »Wenn man sich zur rechten Szene hingezogen fühlt und sich schließlich damit identifiziert, legt man sich mehr und mehr verfestigte Gedankenmuster zu. Man sieht seine Ansichten als ungemein positiv und als Ideal an. Niemals kann einem der Gedanke kommen, etwas Schlechtes oder Menschenverachtendes zu tun. Man ist immer mehr gefangen in der rechten Propaganda und jedem wirklich objektiven Nachdenken verschlossen. Die rechte Szene ist durchaus mit einer Sekte vergleichbar. Sie gibt einem scheinbare Ideale, für die es sich zu kämpfen lohnt. Alle anderen Menschen sind scheinbar verblendet. Nur man selbst kämpft für eine große Sache. Man kämpft selbstlos für all die Menschen, die heute noch Gegner dieser Sache sind.«

Die »radikalste« Version der Neonazi-Ideologie bietet Kühnen an. Kühnen bekennt sich offen zum Nationalsozialismus, während die DVU und deren Führer Frey zwar dessen Ideen propagieren, aber so tun, als wären sie Demokraten. So empfindet Petri die DVU in gewissem Sinne als nicht »rein« genug – und übernimmt also die Ideen Kühnens, ohne groß zu zögern. Kritik von außen bestätigt ihn nur. Die anderen wissen weniger als er selbst, die anderen werden von den Medien belogen, denkt er. Seine diversen Gesprächspartner im rechten Milieu bestärken ihn immer wieder in der Idee, dass kaum noch jemand wüsste, was sich in der Zeit des Nationalsozialismus wirklich abgespielt habe. Gern glaubt Petri die im Milieu der Neonazis verbreitete Verschwörungstheorie, dass Zeitungen, Radio und Fernsehen von geheimen Hintermännern gesteuert werden, die nicht wollen, dass die »Wahrheit« ans Licht kommt. Nur so kann er sich erklären, dass niemand seinen Freunden, den »Kameraden«, glaubt, wenn sie davon reden, dass der Nationalsozialismus eine »gute« Sache gewesen sei. Das Gefühl, einer verschworenen Gemeinschaft anzugehören, die über den Rest der Welt nur lächeln kann, ist bequem – und scheint zu »adeln«. Vielleicht hätte ihn jemand davor bewahren können, in diese Szene zu geraten, jemand der offensiv und aus einer anderen politischen Perspektive mit ihm diskutiert hätte. Nur die allseits geäußerte, gut gemeinte Warnung, nicht so »extrem« zu denken, nützt überhaupt nichts. Petri will – und das fordert Kühnen immer wieder von ihm – radikal und »konsequent« sein. Vermutlich gefällt ihm auch die Idee, sich endlich etwas zu trauen, etwas gegen die schweigende Mehrheit zu tun, anders zu sein als das, was von ihm erwartet wird – sich nicht dem anzupassen, was alle tun. Und dass er, als Gymnasiast aus gutem Hause, Neonazi wird, haben seine Freunde, Eltern und Geschwister von ihm am wenigsten angenommen.

Die Gesinnungsgenossen Kühnens führen ihn bald in die einschlägigen Kreise ein. In der Kneipe »Rübezahl« in Frankfurt-Hoechst trifft er auf eine Familie, deren Mitglieder alle Neonazis sind. Von diesem rauen und proletarischen Milieu ist er zugleich angewidert und angezogen. Der Vater betreibt die Kneipe, der Sohn ist ein Freund Kühnens. Und auch die anderen Geschwister verkehren in diesen Kreisen. Petri lernt die »Rübezahl«-Tochter kennen, eine junge Frau, die Anführerin der so genannten »Deutschen Frauen Front.« Esther W., die sich wegen ihres »jüdisch« klingenden Vornamens nur »Lisa« nennt, verteilt kleine Flyer, auf denen Läden aufgeführt sind, in denen eine »deutsche Frau« nicht einkaufen soll, weil die Inhaber der Geschäfte keine Deutschen sind.

Esther W. galt als »Verlobte« Michael Kühnens und wurde von ihm quer durch Deutschland geschickt, um rechte Frauengruppen zu gründen – ohne großen Erfolg. Die junge Frau ist schon seit ihrem 14. Lebensjahr in der rechten Szene. »Das Nationalbewusstsein, das in unserer Familie herrschte, das hatte ich praktisch von klein auf mitbekommen, und das gefiel mir auch«, sagt sie. Esther W. blieb jedoch nur die Dauerverlobte Kühnens. Der konnte sich die Perspektive, mit einer Frau zusammenzuleben, nicht vorstellen. Frauen dienten seiner Meinung nach nur

Ingo Hasselbach (l.) und Michael Kühnen (r.) auf einem Parteitag der »Deutschen Alternative«

zur Fortpflanzung, dazu die »Art zu erhalten« und sich um den Nachwuchs zu kümmern. Zu »Kulturleistungen«, so steht es in einer von Kühnens Schriften, ist nur der Mann fähig. Frauen gegenüber gab es für Kühnen nur freundschaftliche Beziehungen.

Wahrscheinlich hätte sich Michael Petri auch einer anderen Gruppe angeschlossen, wenn deren fanatisierter Anführer ihn so von ihrer Idee hätte überzeugen können wie Kühnen. Er teilt Kühnens Meinung nicht immer. Das sagt er heute. Er, Petri, habe sich auch nicht mit dem Holocaust beschäftigt oder mit den Revisionisten, denjenigen, die sich die abstrusesten Theorien ausdenken, um den organisierten Massenmord an Juden in den Konzentrationslagern des »Dritten Reiches« zu relativieren oder gar leugnen zu können. Das habe ihn nicht sonderlich interessiert. Er habe sich nur auf »aktuelle politische Themen« konzentrieren wollen.

Doch darin täuschte sich Michael Petri damals, und darin täuscht er sich bis heute.

Für ihn muss vielmehr das Sprichwort gelten: Sage mir, mit wem du umgehst, und ich sage dir, wer du bist. Wer sich mit Kühnen oder seinen Nachahmern wie Christian Worch eingelassen hat, übernimmt deren rassistisches Weltbild und antisemitische Theorien und hilft diese Ideen auch zu verbreiten.

Und Petri scheint in den nächsten Jahren einen großen Ehrgeiz zu entwickeln, ein in der Szene anerkannter Anführer zu werden. Er ist genau so strebsam, wie sein Elternhaus es von ihm erwartet und verlangt, nur in anderer Hinsicht. Er will etwas erreichen – in der rechten Szene. Er hat nach dem Abitur Speditionskaufmann gelernt und ist von seiner Firma übernommen worden. Er geht einer geregelten Arbeit nach und verdient genug Geld, um in seiner Freizeit als Neonazi herumreisen und organisieren zu können.

Noch hat er keine »eigene« Partei. Anfang der Neunzigerjahre hatte sich im Osten Deutschlands, in Cottbus, die »Deutsche Alternative« (DA) unter der Führung eines ihrer Mitglieder, Frank Hübners, formiert, eine der vielen Nazigruppen und -parteien, die legal versucht, den Nationalsozialismus à la Kühnen gesellschaftsfähig zu machen. Viele weitere »Kameradschaften« schlossen sich der DA an.

Nach dem Tod Kühnens 1991 übernahm der Österreicher Gottfried Küssel die überregionale Organisation des Netzes verschiedener Neonazi-Sekten. Gottfried Küssel war schon im Hause der Berliner Weitlingstraße aufgetaucht, dessen »Führer« Hasselbach war, und hatte dort die Kontakte geknüpft.

Im Herbst 1991 versuchen einige Neonazis aus dem Westen auf einem Treffen in Duisburg, die weitaus aktiveren Brandenburger, vor allem die aus Cottbus, unter ihrem Anführer Frank Hübner auszubooten. Doch der hatte mittlerweile so viele Anhänger um sich geschart, dass er den Vorsitz in der Gesamt-DA an sich reißen kann. Sein wichtigster Verbündeter beim vereitelten Putschversuch ist Michael Petri. Petri hatte offenbar schnell bemerkt, woher der Wind wehte und dass er gegen die gut organisierten Ost-Nazis keine Chance haben würde, falls er sich gegen deren Übermacht in der Partei stemmen würde. Petri wurde mit dem Posten des stellvertretenden Parteivorsitzenden belohnt. Mit Frank Hübner hatte zum ersten Mal ein Ostdeutscher und ehemaliger DDR-Bürger den Vorsitz einer gesamtdeutschen Neonazi-Partei übernommen. Aus Protest gegen die »Machtübernahme« Hübners traten westdeutsche Neonazis reihenweise aus der »Deutschen Alternative« aus.

Das focht Petri nicht an. Je weniger Konkurrenz es gibt, umso mehr erhöht sich die Chance, in einer sektenähnlichen Gruppe aufzusteigen. Da Hübner kaum im Westen erschien, konnte sich Michael Petri auf zahlreichen Veranstaltungen hier selbst profilieren. Die Macht in der kleinen Partei scheint ihn zu reizen. Er kann sich nicht damit abfinden, Mitläufer zu sein, er will bestimmen, was geschieht.

Im Sommer 1992 taucht er im sauerländischen Meschede auf. Alte und neue Nazis aus verschiedenen Gruppen marschieren hier durch die Stadt. Vor Ort operiert eine »Sauerländer Aktionsfront«, die sich aus drei Dutzend rechter Skinheads, einigen wenigen organisierten Neonazis und ehemaligen Hooligans zusammensetzt. Vor der Stadthalle von Meschede sprechen der bekannte Christian Worch, dessen Stellvertreter Thomas Wulff alias »Steiner« – und Michael Petri.

Im März 1993 sieht man Petri in Worms, zusammen mit Manfred Huck, dem selbst ernannten Anführer der »Aktionsfront Nationaler Kameraden« aus Mannheim. Huck, ein ehemaliger Hooligan aus Karlsruhe, verkehrte in sehr verschiedenen Milieus: Neben seiner »Tätigkeit« als »Kameradschaftsführer« von Mannheim organisierte er den »Christopher-Street-Day« in Heidelberg. Wegen seiner sexuellen Orientierung durfte er sich bald darauf beim sattsam bekannten Nazi-Ehepaar Müller in Mainz nicht mehr sehen lassen. Die Müllers betreiben in Mainz-Gonsenheim eine Gärtnerei und haben lange Jahre auf ihrem Gelände »Kameradschaftstreffen«, Sonnenwendfeiern und Feiern anlässlich der Hitler-Geburtstage für Neonazis aus Rheinland-Pfalz stattfinden lassen. Michael Petri ist häufiger und gern gesehener Gast bei ihnen und darf seine Reden halten.

Doch Petris Aktivitäten beschränken sich nicht auf Deutschland. Er wird sogar in Spanien beobachtet. Bei einem Marsch spanischer Faschisten durch Madrid am Todestag des Diktators Franco verteilt er dort neonazistische Flugblätter. Mit von der Partie sind damals Siegfried Borchardt aus Dortmund, genannt »SS-Siggi«, und Ewald Bela Althans, der heute schwule Partys in Berlin und Amsterdam organisiert. Auch in anderen Ländern wird Michael Petri aktiv. Er fährt nach Tschechien und besucht anschließend »befreundete« Neonazi-Kleinstparteien in Griechenland. Eine ganze Woche verbringt er bei dem deutsch-kanadischen Neonazi Ernst Zündel, der von Kanada aus die Welt mit neonazistischer Propaganda überschwemmt und sich offen damit brüstet, den Holocaust und den Mord an Millionen von Juden zu leugnen. Auch beim Hitler-Imitator Gary Rex Lauck im US-amerikanischen Nebraska sei er gewesen, erinnert sich Petri. Lauck überschwemmt seit Jahren die ganze Welt mit Hakenkreuzen und neonazistischer Propaganda jeder Art und gefällt sich gern in Posen, die er seinem Vorbild Adolf Hitler bis ins Detail abgeschaut hat. In den Niederlanden diskutiert Michael Petri mit dem Neonazi Eite Homann. Der gilt in der Szene als jemand, der individuellen Terror gegen politische Gegner ausdrücklich nicht ausschließen will.

Petri ist es wichtig, eine prominente Rolle bei der Organisation der deutschen Neonazi-Szene einzunehmen. Warum er alle diese Leute kontaktiert, weiß er heute nicht mehr genau: Vielleicht kommt es ihm unbewusst darauf an, möglichst viele, von denen in der Neonazi-Szene die Rede ist, kennen zu lernen, um so selbst wichtiger zu werden – und in die Zeitung zu kommen. Das würde auch erklären, warum er sich diversen deutschen Medien per Fax für Interviews anbietet. Nach seinem Ausstieg bezichtigten ihn viele seiner ehemaligen »Kameraden«, er, Petri, sei in der Szene unbedeutend gewesen, nur ein Mitläufer, der sich wichtig machte. Aber das stimmt nicht. Michael Petri war in jener Zeit fast überall dabei, wenn Neonazis aus dem Westen Deutschlands sich versammelten.

Im Dezember 1992 wird die »Deutsche Alternative« verboten. Damit bietet sich Michael Petri die Chance, »aus dem Schatten Frank Hübners herauszutreten«. So sieht er das heute. Petri war bis jetzt – auch in der DVU und in der Organisation Kühnens nur immer ein »Unterführer« oder der Stellvertreter, er musste tun, was andere sagten. Jetzt ist sein Ehrgeiz, etwas in der Szene zu gelten, am Ziel. Er kann selbst ein Führer sein. Wenige Monate nach dem Verbot der DA, im Sommer 1993, gründet er die »Deutschen Nationalisten«. Das Programm der Kleinstpartei, die selbst zu ihren besten Zeiten nie mehr als 100 Mitglieder hat, also weniger als mancher regionale Schützen- oder Sportverein, fordert: »Schluss mit den ›Wiedergutmachungszahlungen‹ an ausländische Mächte.« Das ähnelt dem, was auch die NPD schon immer gefordert hat. Wer diese »ausländischen Mächte« sind, wird nicht verraten. Aber jeder Rechte erkennt auf Anhieb den antisemitischen Unterton – die Juden sind gemeint. Und: »Das Volk darf nicht noch 50 Jahre nach Kriegsende zur Kasse gebeten werden, obwohl noch nicht einmal geklärt ist, wer die alleinige Schuld am Ausbruch des Krieges trägt.« Wer so etwas behauptet, dem darf man getrost unterstellen, nicht nur im Geschichtsunterricht nicht richtig aufgepasst zu haben. Aber die Leugnung der Kriegsschuld Deutschlands ist ein Lieblingsthema aller Rechten nach dem Zweiten Weltkrieg, sie ist auch Petris Steckenpferd.

Heute hat er eine ganz andere Meinung. Auch die hat er schriftlich fixiert: »Ich war damals bereits so weit in rechte Denkmuster verstrickt, dass es für mich nicht möglich war, mich vernünftig mit dieser Thematik auseinander zu setzen. Ich sah nur die negativen Folgen des verlorenen Weltkrieges. Ich wollte nicht an die Alleinschuld Deutschlands am Krieg glauben, sondern sah ein Zusammenspiel verschiedener Interessen, welche zum Krieg geführt hatten.« Petri ist damals der Propaganda der DVU und auch der militanten Rechten unter Kühnen auf den Leim gegangen, die behaupten, der Zweite Weltkrieg sei den Deutschen von den Alliierten »aufgezwungen« worden. Und wenn etwas – wie diese falsche Behauptung – immer und immer wiederholt wird und wenn keine anderen Meinungen mehr zur Kenntnis genommen werden, glaubt man irgendwann selbst die absurdesten Behauptungen. Michael Petri weiß heute, dass Deutschland durch die Alliierten vom Hitler-Faschismus befreit worden ist: Damals, als er Neonazi war, habe er nicht nachvollziehen können, dass es einen Unterschied zwischen dem deutschen Faschismus und Deutschland selbst gab, »dass die Siegermächte Krieg gegen ein barbarisches und unmenschliches System geführt hatten. Dass dies in erster Linie aber nicht ein Sieg über Deutschland, sondern eben über dieses System war.«

Ein weiterer Programmpunkt der Partei richtet sich an weit verbreitete Vorurteile, die nicht nur in der rechten Szene anzutreffen sind. »Die Ausländer sind übermäßig hoch an der Kriminalität beteiligt. Die Deutschen Nationalisten fordern zum Schutz der deutschen Bevölkerung entschiedene Maßnahmen gegen kriminelle und extremistische Ausländergruppen.« Das hört sich aktuell an, aber verlogen ist es trotzdem. Wer Ausländer ist, wollen die Nazis natürlich selbst bestimmen. Skandinavier würde niemand abschieben, wohl aber Türken, die schon seit drei Generationen in Deutschland leben. Und dass ausgerechnet Neonazis sich Gedanken über andere »Extremisten« machen, klingt schon beinahe komisch. Aber welche Ideen hinter diesem

Punkt stehen, zeigt ein weiterer Satz: »Eine Ausländerrückführung muss geplant und angewandt werden, da Deutschland sonst eine multikulturelle und multikriminelle Gesellschaft droht. In solch einer Gesellschaft stirbt die Seele des deutschen Volkes!« Hier schwingt deutlich sichtbar die umstrittene Idee einer deutschen »Leitkultur« mit. Und jeder Neonazi, auch damals Michael Petri, ist ertappt: Wer zu diesem rechten Milieu gehört, zählt Juden nicht zur »deutschen Kultur«. Und damit weiß jeder, woran er ist und womit er zu rechnen hat, wenn diese Rechten auch nur einen winzigen Zipfel der Macht in der demokratischen Gesellschaft erhaschen könnten.

Nach der Gründung der »Deutschen Nationalisten« ist Petri unumstrittener Parteichef, der soziale Aufstieg innerhalb der militanten Neonazi-Szene perfekt. Man muss ihn ernst nehmen. Und das geschieht. Im August 1993 melden der Hamburger Neonazi Christian Worch und Michael Petri verschiedene Demonstrationen der so genannten »Wunsiedel-Komitees« an. Die Rechten aus ganz Deutschland wollen, wie jedes Jahr, zum Grab des Hitler-Stellvertreters Rudolf Hess nach Wunsiedel pilgern. Petri ist gut 20 Jahre alt und darf in einer Reihe mit seinen Leuten stehen, die schon aktiv waren, als er noch gar nicht geboren war.

Und so geht es weiter. Im Januar 1994 treffen sich in Dortmund ein Dutzend Neonazis, darunter Michael Petri und Siegfried Borchardt alias »SS-Siggi« von der FAP, um hier die Gründung eines Landesverbandes der »Deutschen Nationalisten« vorzubereiten. Die Gründungsversammlung im März, zu der sich rund 60 Neonazis einfinden, wird von der Polizei aufgelöst. Das geschieht auch in Warstein und in Dorsten – die Sicherheitskräfte sind immer vorher im Bild und schneller. Auf diese Weise gelingt es den Parteiführern nicht, ihre Organisation »ordnungsgemäß« auf die Beine zu stellen.

Im April 1994 hilft Petri, den Berliner Parteitag der FAP zu organisieren. Die Veranstaltung endet, wie so oft, mit einer Massenfestnahme durch die Polizei.

Im Dezember 1994 nimmt die Polizei in einem Lokal in Berlin-Hohenschönhausen 19 Neonazis fest. Offenbar handelte es sich um eine Versammlung der »Deutschen Nationalisten«. Unter den Festgenommenen ist deren Bundesvorsitzender Michael Petri.

Im März 1995 trifft sich »die Führungselite der deutschen Nazis«, wie die »Tageszeitung« schrieb, in einer Gaststätte in Nürnberg; mit dabei Michael Petri.

Im April 1995 versuchen zwei Dutzend Neonazis nach Holland einzureisen, wo eine Solidaritätsdemonstration für den dort verhafteten Führer-Imitator Gary Lauck stattfinden soll. Die meisten von ihnen werden an der Grenze abgewiesen, darunter auch Petri.

Im Herbst 1994 verbreitete sich in der Neonazi-Szene – und fast zeitgleich auch in den Medien – der »Einblick«, eine schlampig aufgemachte Broschüre, in der dazu aufgerufen wurde, die so genannte »Anti-Antifa« zu organisieren. Darin fanden sich über 250 Namen und Adressen von Linken und vermeintlich Linken. Diesen sollten »unruhige Nächte« bereitet werden. Das ist ein indirekter Aufruf zur

Gewalt, ein kriminelles Machwerk: Die Verfasser sagen nicht exakt, was geschehen soll, aber die Neonazis in ganz Deutschland, die angesprochen sind, werden diesen Aufruf als das verstehen, als was er gemeint ist: Die Gegner der Rechten sollen eingeschüchtert und bedroht werden. Der Unterton des Machwerkes war eindeutig: Wenn auch nicht direkt zu Gewalttaten aufgerufen wurde, konnte jeder, der wollte, zwischen den Zeilen lesen, was mit der Aufforderung, die politischen Gegner der Rechten »endgültig auszuschalten«, suggeriert wurde. Zwar gab es nach der Veröffentlichung des »Einblicks« keine konkreten Aktionen der Neonazi-Szene, doch einige der im »Einblick« Genannten wurden eingeschüchtert. Das war auch die Absicht der Macher. Es sei in erster Linie darum gegangen, sagt Petri heute, »Propaganda zu machen«, die »Kameraden« vor Ort sollten motiviert werden. Mit dem »Einblick« wurde der Begriff »Anti-Antifa« im öffentlichen Diskurs etabliert.

Immer wieder fiel der Name Michael Petri, wenn in antifaschistischen Blättern über die Urheber des »Einblicks« spekuliert wurde. Zu Recht, denn der ermittelnde Staatsanwalt teilte später der Presse mit, dass die rechte Szene schon seit Juni 1993 über ein so genanntes »Nationales Infotelefon« (NIT) aufgefordert worden sei, Namen, Adressen, Autokennzeichen und Fotos von Antifaschisten zu sammeln. Das »Infotelefon« wurde von Sascha Ch. betrieben, einem Mitglied der »Deutschen Nationalisten«. Michael Petri habe dem Unternehmen sein Postfach und seinen Faxanschluss zur Verfügung gestellt. Auf Tonbändern sei zu hören gewesen: »Kameraden, die Infos über Zecken besitzen, sollen diese der Anti-Antifa Mainz zukommen lassen.«

Der stellvertretende Vorsitzende der »Deutschen Nationalisten«, Illias C., habe die Bänder besprochen.

Heute jedoch bestreitet Petri, überhaupt etwas von diesem kriminellen »Einblick« gewusst zu haben. Und auch Christian Worch aus Hamburg, der als der Hintermann der Aktion vermutet wird, sei daran nicht direkt beteiligt gewesen. »Worch war nicht der Drahtzieher des ›Einblicks‹, zumindest weiß ich davon nichts. Worch war eine der Hauptpersonen, welche die Anti-Antifa förderten, nicht jedoch den ›Einblick‹.«

Michael Petri sah sich kurzzeitig in Handschellen, als Polizisten ihn festnahmen und abführten, obwohl niemand von ihnen einen Haftbefehl des Landeskriminalamtes vorweisen konnte. Dieser musste nachträglich besorgt werden. Petri wurde verdächtigt, den »Einblick« mit verfasst zu haben. Petri hält seine Verhaftung auch heute noch für eine »Publicity-Aktion« der zuständigen Staatsanwaltschaft. Er meint, der damalige Oberstaatsanwalt habe ihn ständig im Auge gehabt, unter anderem, weil er nur in erster Linie Fälle bearbeitet habe, welche ihm eine Resonanz in der Presse einbrachten. Das Bundeskriminalamt wäre schon vorher im Bilde darüber gewesen, dass er, Petri, mit dem »Einblick« nichts zu tun hatte. Das Ermittlungsverfahren gegen ihn wurde bald, mangels schlüssiger Beweise, eingestellt.

Unstrittig ist, dass viele Hände an der Broschüre mitgewirkt haben, auch wenn die eine Hand nicht immer exakt »wusste«, was die andere »tat«. Die Staatsanwaltschaft ermittelte den Verfasser des »Einblicks«, einen Agraringenieur aus Hessen, der wiederum beim Mainzer Ehepaar Müller ein und aus gegangen war. Und den Drucker, der seit mehreren Jahrzehnten im ultrarechten Milieu verkehrte und den man deshalb beinahe schon als »Altnazi« bezeichnen kann. Beim »Einblick«-Prozess gegen letzlich vier Angeklagte bemängelte der Richter, dass die Frage nach den Auftraggebern letztlich ungeklärt blieb und dass es nicht Aufgabe des Gerichts sei, »fehlende Ermittlungen nachzuholen«. So versickerte der Fall dieses skandalösen Machwerks geradezu. Wegen Nötigung und Beleidigung wurden die Angeklagten zu relativ milden Strafen verurteilt.

Dennoch hat der Verdacht, der gegen Michael Petri geäußert wurde und von dem in allen Zeitungen zu lesen war, gravierende Folgen. Petri verliert seinen Job als Speditionskaufmann und muss sehen, wie er in Zukunft sein Geld verdient. Zunächst versucht er, sich mit einem Kurierdienst selbstständig zu machen, die Firma muss aber bald Konkurs anmelden. Und wenige Monate später gibt es zusätzliche Schwierigkeiten; er wird erneut von der Staatsanwaltschaft behelligt. Die hat ein Ermittlungsverfahren angestrengt, weil sie – zu Recht – vermutet, dass Petri mit seinen »Deutschen Nationalisten« die verbotene »Deutsche Alternative« in einem anderen Gewand weiterführt. Falls es der Anklage gelänge, das zu beweisen, würde Petris Partei ebenfalls sofort verboten.

Im September 1996 beginnt der entsprechende Prozess in Koblenz gegen ein gutes Dutzend Neonazis, darunter den Parteivorsitzenden Petri und auch das Ehepaar Müller. Ursula Müller, die langjährige Vorsitzende der »Hilfsorganisation für Nationale Gefangene« (HNG), kümmerte sich um jeden, der in Mainz Anschluss an die rechte Szene

Das Nazi-Ehepaar Müller, rechts Michael Swierczek, ehemals Mitglied der FAP und der »Nationalen Offensive«

suchte. Da sowohl Mitglieder der »Deutschen Alternative« als auch die Neonazis der »Deutschen Nationalisten« in der Gärtnerei der Müllers verkehrten und dort Versammlungen abhielten, lag der Verdacht nahe, dass das berüchtigte und wegen rechtsextremer Delikte vorbestrafte Ehepaar an der vermuteten Umorganisation der rechten Gruppen nicht unbeteiligt war.

Petri gefällt sich am Tage der Eröffnung des Prozesses in einer siegesgewissen Provokation. Eine Zeitung schreibt damals: »Der Vorsitzende der rechtsextremen »Deutschen Nationalisten«, Michael Petri, stand bei Gesinnungsgenossen im Zuschauerraum, als der Prozess gegen ihn eröffnet wurde. Erst nach Aufforderung seines Verteidigers Hans-Otto Sieg ging der 23-Jährige zur Anklagebank, begleitet vom Gelächter im Saal. ›Den Auftritt hat er gebraucht‹, meinte der Chef der ›Aktionsfront Nationaler Kameraden‹,

Manfred Huck. Seine Stimmung sollte sich im Verlauf des ersten Verhandlungstages noch bessern. Juristen wussten, dass ein solches Mammutverfahren nur schwer zu handhaben ist.«

Im August 1997, nach fast zwei Jahren Verhandlungsdauer, verurteilt die Staatsschutzkammer beim Landgericht Koblenz Michael Petri wegen Fortführung der 1992 verbotenen »Deutschen Alternative« zu einer Jugendstrafe von sechs Monaten auf Bewährung. Zehn der anderen Angeklagten werden freigesprochen, darunter auch das Nazi-Ehepaar Müller. Die Anklage hatte für die Müllers sieben Monate Haft gefordert. Bei Überzeugungstätern dürfe es keine Bewährung geben. Bei zwei Angeklagten wird das Verfahren eingestellt, einer wird verwarnt, was auch immer das bedeutet.

Doch während des Prozesses gibt es eine faustdicke Überraschung. Die Anklage fordert im Falle Petris eine Strafe ohne Bewährung. Und der gibt eine Erklärung ab: Er sei aus der rechten Szene ausgestiegen. Die öffentliche Erklärung klingt knapp, als wollte Petri niemandem genau verraten, warum er diesen Entschluss gefasst hat. Er stellt seine »Kameraden« und das Publikum vor vollendete Tatsachen.

Niemand nimmt den Ausstieg Petris so recht ernst. Für die »Kameraden« hat Petri nur einen »Durchhänger«. Er wolle nur nicht in den Knast, deshalb distanziere er sich von der Szene. So erklären sie sich auch, dass ihr ehemaliger Parteichef sich fortan auf keiner rechten Veranstaltung mehr sehen lässt. Petri sagt heute aber über den Oktober 1995: »Zu diesem Zeitpunkt hatte ich mit der Szene längst abgeschlossen. Das Plädoyer des Staatsanwalts war für mich der Anlass, den Ausstieg öffentlich zu machen.«

Doch was war geschehen? Niemand hatte das geringste Anzeichen dafür bemerkt, dass Petri die Szene verlassen wollte. Und deshalb ist es verständlich, dass zunächst alle, die seinen Fall kannten, nur eine taktische Maßnahme vermuteten. Das stimmt jedoch nicht. Michael Petri ist ein klassisches Beispiel für einen Ausstieg aus einem Milieu, dessen Gruppendynamik der von Sekten ähnelt. Er provozierte keinen heftigen und plötzlichen Bruch, um sich, wie Ingo Hasselbach, so viel Druck zu verschaffen, dass eine Umkehr unmöglich war. Petri ist »schleichend« ausgestiegen, ohne daran zu denken, die politische Meinung zu ändern. Er hat sich zunächst nur zurückgezogen von einem bestimmten Milieu und erst viel später diesen Rückzug reflektiert.

Am Anfang stand nur ein unbehagliches Gefühl gegenüber denjenigen Personen, mit denen er am häufigsten zu tun hatte. »Ich war mit den meisten Leuten unzufrieden.« Vor allem kritisierte er, ohne das offen auszusprechen, die Aktionen der »Hilfsorganisation für nationale politische Gefangene«. Die Gärtnerei in Mainz war immer eine wichtige Anlaufstelle für ihn gewesen, wo er sich Anerkennung für seine politische Arbeit holen konnte. Aber: »Mich hat schon immer gestört, dass die HNG Kriminelle und Gewalttäter unterstützt.« Nur wenige der in den Gefängnissen einsitzenden Neonazis seien nur wegen politischer Agitation verurteilt worden. »Nach meiner damaligen Meinung«, sagt Petri, »hätten nur diese eine Unterstützung verdient gehabt.« Das vertritt er noch jetzt.

Diese Kritik bewegt sich im Rahmen der Weltanschauung, die er sich zu Eigen gemacht hatte. Sie stellt seine Ideologie nicht in Frage. Aber überhaupt kritisch zu sein, ist ein Anfang, selbst nachdenken zu können und sich nicht von anderen die Meinung vorgeben zu lassen. Wer kritisch ist, hat den ersten Schritt getan, um sich von der »Umarmung der Kameraden« zu lösen. Wie auch bei Detlef Nolde stand am Beginn des Ausstiegs nur ein vage Vorstellung, vielleicht nicht das Richtige zu tun, sich vielleicht mit den falschen Leuten umgeben zu haben – ohne deren Ideen sofort abzulehnen. Wenn man jedoch erkannt hat, dass die vorgeblich edlen Ideale, die die Mitglieder einer Gruppe vertreten, in krassem Gegensatz zu deren Verhalten stehen, kann man die Ideale nicht mehr vorbehaltlos unterstützen. Und die HNG, wie Petri deutlich erkannte, setzt sich für gewöhnliche Kriminelle und Schwerverbrecher wie den Polizistenmörder Kay Diesner ein, und gibt vor, dieses aus politischen Gründen zu tun. Das ist schiere Heuchelei und für Petri war diese Erkenntnis der Beginn seines Ausstiegs.

Vielleicht musste jemand wie er erst ein Anführer der Neonazis werden, um sich den Luxus eines eigenen Denkens selbst erlauben zu können. Dazu passt, dass er als einziges »positives« Fazit aus seiner Zeit als Neonazi die Tatsache zieht, »dass ich heute nicht mehr schüchtern bin«. Eigenständig zu denken aber ist der Beginn. Das sei in jener Zeit »wie in einer Sekte« gewesen. »Ich hätte mich von anderen nicht überzeugen lassen.« Nur er selbst kann sich überzeugen. Und auch der Verfolgungsdruck durch Polizei und Justiz hätte ihn nicht zu einem Ausstieg bewegen können, sondern ihn nur bestätigt. »Einige Maßnahmen der Staatsanwaltschaft und der Polizei empfinde ich auch heute noch als nicht gerechtfertigt.«

Als im Jahr 1995 der Prozess in Koblenz beginnt, fühlt sich Petri noch als »Rechter«. Aber insgeheim denkt er darüber nach, ob das militante Neonazi-Milieu für ihn noch etwas bietet. Er lässt es sich nicht anmerken, und während der vielen Monate, die die Verhandlung dauert, steht er »offiziell« noch hinter der Sache. Aber er kann mit niemandem seiner »Kameraden« über das reden, was ihn bewegt. Für einen Neonazi-Anführer sind Zweifel undenkbar, und dass er diese gar im Kreis der »Kameraden« zugibt, völlig absurd. Und deshalb beginnt Petri, in seinem Kopf eine Art Doppelleben zu führen. Er kannte, wie er heute sagt, »schon immer Leute, die mit dem rechten Milieu nichts zu tun hatten«. Der Schwerpunkt seiner Interessen verlagert sich, langsam, aber unaufhaltsam. Immer noch will er seine politischen Ideen nicht fallen lassen. Aber – und das wird er ungern zugeben – die Perspektive, mit einer eigenen Organisation politische Ziele durchzusetzen, verflüchtigt sich immer mehr. Das erscheint ihm zunehmend aussichtslos.

Die Einzigen, mit denen er sich austauscht, sind seine Brüder, ein paar enge Freunde, die nicht im rechten Milieu verkehren, und die Eltern. »Es waren gute Eltern. Sie haben mich nie im Stich gelassen.« Doch viel können auch die nicht für ihn tun. Vorher hat er sich nichts von ihnen sagen lassen. Und jetzt muss er den Prozess, sich langsam zu lösen, allein durchstehen. Langsam entsteht in ihm der Plan, etwas Neues in seinem Leben zu versuchen. Doch dagegen steht noch der Trotz, nicht dazu gezwungen werden zu wollen. Als der Staatsanwalt verkündet, dass er Michael Petri am liebsten hinter Gittern sähe, erwacht diese Haltung in ihm noch einmal. »Wenn die mich eingebunkert hätten, wäre ich heute noch dabei.«

»Ich habe zuerst, in den ersten Jahren nach meinem Ausstieg, die ›Republikaner‹ gewählt«, erzählt er. »Dann habe ich mich innerlich immer mehr entfernt.« Jetzt denkt er nicht mehr »national«, der Stolz, ein Deutscher zu sein, spielt in seinem Leben einfach keine Rolle mehr. »Man kann auf seinen Vater stolz sein, auf etwas wie die nationale Herkunft nicht«, sagt Petri.

Der erste Schritt, nach vielen Monaten des Nachdenkens ist getan, wenn das Alte unwichtig geworden ist. Das ist nur möglich, wenn sich etwas Neues schon abzeichnet. Petri versucht, in einem neuen Beruf heimisch zu werden. Er zieht einen kleinen Immobilienhandel auf, der aber nicht so recht von Erfolg gekrönt sein will. In diesem Milieu wäre seine Vergangenheit, falls die ruchbar würde, ohnehin sofort der Todesstoß.

Er tanzt auf mehreren Hochzeiten, probiert vieles aus, um irgendwie im normalen Leben Fuß zu fassen. Unter anderem betreibt er eine »Flirtline«. Das habe nichts mit Telefonsex zu tun, »aber die Gespräche gehen selbstverständlich auch in die erotische Richtung«. Und immer öfter kommt er mit Menschen zusammen, die er in seiner Zeit als Neonazi nie kennen gelernt hätte. Einer seiner Angestellten ist türkischer Staatsbürger. Der klagt dem Chef sein Leid, dass er von der Abschiebung bedroht sei. Er bittet Petri, etwas für ihn zu tun.

Michael Petri setzt Briefe an verschiedene Behörden auf. Er will seinen Mitarbeiter nicht verlieren. Und er hat Erfolg.

Der Türke darf in Deutschland bleiben. Der frühere Nazi hat sich für eine gute Sache eingesetzt, etwas, wovon er schon als Jugendlicher geträumt hat. Aber jetzt ist das Gute etwas völlig anderes als damals. »Sollte mein ausländischer Nachbar ein netter Mensch sein, bin ich froh diesen Nachbarn zu haben. Und sollte er Deutschland verlassen wollen, würde ich es schade finden.«

Und Michael Petri sagt heute: »Selbst der harmlose und viel diskutierte Satz: ›Ich bin stolz ein Deutscher zu sein‹ würde heute nicht mehr über meine Lippen kommen. Es ist für mich in Ordnung, Deutscher zu sein. Ich interessiere mich auch für deutsche Geschichte und Kultur. Ein Glück ist es, dass ich in einem freien Land geboren wurde. Aber ich bin mir sicher, dass ich mich als Türke genauso wohl fühlen würde!«

Es war ein langer Weg von einem deutschen Neonazi zu einem deutschen Unternehmer, der sich für seine ausländischen Mitarbeiter einsetzt. Doch der Weg hat sich gelohnt. Er ist für Außenstehende schwer verständlich und kaum nachvollziehbar. Vielleicht muss man selbst in einer ähnlichen Lebenssituation gewesen sein, um einen »Ausstieg« begreifen zu können. »Jeder hat das Recht, sich zu verändern«, meint auch Ingo Hasselbach. Aber man kann sich nur glaubwürdig verändern, wenn deutlich wird, warum die Meinung, die man vorher vertreten hat, jetzt nicht mehr gelten soll. Nur dann wirkt ein Ausstieg auch auf die, die ihn noch nicht geschafft haben oder die sich nicht trauen, selbst zu denken. Niemand wirft das, was er als »Ideale« und »Werte« ansieht auf Grund besserer Einsicht plötzlich weg. Sie wandeln sich nur, bekommen langsam eine andere

Bedeutung. Und nur enge Freunde können einen Aussteiger auf seinem oft langen Weg in ein neues Leben begleiten.

Michael Petri ist heute kein »Linker«, er engagiert sich nicht politisch – wie der Aussteiger Danny Thüring. Er redet auch nicht mehr mit den ehemaligen »Kameraden« wie Detlef Nolde. Und er hat nicht die geringste Lust, seinen Ausstieg durch die Medien öffentlichkeitswirksam vermarkten zu lassen. Petri fühlt sich heute einfach nur als Mensch, der von einer besseren Welt träumt.

»Personen, die früher mit mir über Politik diskutiert haben und das heute wieder tun, sind oft sehr verwundert, wie radikal sich meine Ansichten geändert haben. Ich bin heute ein weltoffener Mensch. Für mich ist jeder Mensch gleich, egal welche Nationalität oder Hautfarbe er hat. Ich träume von einer Welt, in der dies keine Rolle mehr spielt. Von einer Welt ohne Kriege und ohne Diskriminierungen. Ich träume davon, dass die Welt ein gutes Stück zusammenrückt.«

Petri hat den entscheidenden Schritt für sich getan, zu denen zu gehören, die das ebenso sehen.

Weitere Informationen zum Thema »Neonazis«:

Ingo Hasselbach: Die Abrechnung. Ein Neonazi steigt aus, Berlin 1993
Interessant ist auch der Film »Lost Sons« (2001) über Ingo Hasselbach und seinen Vater von Fredrik von Krusenstjerna, erhältlich als Video.

Jörg Fischer: Ganz rechts. Mein Leben in der DVU, Reinbek 1999

Ein Standardwerk: Jens Mecklenburg (Hg.): Handbuch Deutscher Rechtsextremismus, Berlin 1996

Das zur Zeit beste Buch über Rassismus:
Robert Miles: Rassismus. Einführung in die Geschichte und Theorie eines Begriffs, Hamburg 1991

Über das Thema Skinheads:
Klaus Farin: Skinhead – A Way Of Life, Bad Tölz 1999
Empfehlenswert ist auch von
Klaus Farin: generation-kick.de. Jugendsubkulturen heute, München 2001

Die beste Einführung in die wissenschaftliche Diskussion zum Thema:
Christoph Butterwegge: Rechtsextremismus, Rassismus und Gewalt – Erklärungsmodelle in der Diskussion, Darmstadt 1996

Das Standardwerk zum Thema »Neue Rechte« ist:
Friedemann Schmidt: Die Neue Rechte und die Berliner Republik, Wiesbaden 2001

Lies mich!

Leseprobe

Gudrun Pausewang

Der Schlund

»Ich begreife es nicht«, rief jetzt Großvater hitzig, »dass man noch immer diese vielen Hungerleider und Schnorrer aus Bangladesch und Afrika und sonst woher hereinlässt, wo es uns zur Zeit doch selber dreckig geht! Und die vielen falschen Asylanten, denen daheim garantiert kein Härchen gekrümmt worden ist ...«
»Den Juden ist unter Hitler wohl auch kein Härchen gekrümmt worden?«, antwortete Vati aufgebracht.
»Wärmt doch die Judensache nicht wieder auf«, jammerte Großmutter. »Ihr Lieben, könnt ihr denn kein anderes Thema finden als die Politik? Es soll doch ein friedliches Familientreffen sein ...«
»Aber keins, bei dem wir auf einem Teppich sitzen, unter den das alles hier gekehrt wurde«, sagte Mutti.
Das überhörte Großvater. Er machte eine ungeduldige Handbewegung in Richtung Großmutter und sagte: »Es wird doch niemand bestreiten können, dass wir gerade eine Notzeit durchmachen. Da ist sich jeder selbst der Nächste, da geht's ums pure Überleben. In den vergangenen Jahrzehnten haben wir sowieso schon viel zu viele Ausländer hereingelassen. Die sitzen jetzt zwischen uns wie die Made im Speck – auf unsere Kosten.« Er warf einen Blick auf Jirgalem. »Wenn wir so weitermachen, wir Deutschen, so

weltfremd und übertrieben human, dann richten wir unser Volk zugrunde!«

»Uns geht's doch noch gut, uns Deutschen«, sagte Mutti. »Wir müssen nur das Teilen lernen.«

Gesa warf einen Blick auf Corinna. Die schwieg. Teilen mochte sie wohl auch nicht. Sie hatte mal zu Mutti gesagt, sie könne sich nicht vorstellen, mit einem niedrigeren Lebensstandard klarzukommen. Den Komfort, den sie habe, brauche sie nun mal.

»Auf Kosten unserer Kinder, was?«, polterte jetzt Großvater. »Merkst du denn nicht, Ingrid, wie unser Volk schon dabei ist, zu verarmen? Sollen wir angesichts der Wirtschaftskrise auch noch teilen? Vor fünf Jahren bist du noch kaum einem Bettler begegnet. Jetzt sitzt an jeder Straßenecke einer, in jedem Heuhaufen schnarcht ein Landstreicher, die Stadtparks sind bevölkert von Obdachlosen. Deutschen Obdachlosen! Und da sollen wir noch teilen?«

»Reg dich doch nicht so auf«, jammerte Großmutter. »Wo doch dein Herz schon einen Knacks hat ...«

»Teilen mit Leuten, die überwiegend Faulenzer oder Kriminelle sind?«, eiferte Großvater weiter. »In den Zeitungen liest man fast nur noch Berichte über Einbrüche und Raubüberfälle, und fast immer sind's Ausländer gewesen –«

»Jetzt mach mal 'n Punkt«, rief Vati.

Aber Großvater ließ sich nicht unterbrechen. »Wollen wir unseren Enkeln so ein Chaos, so ein Mafia- und Kriminellenparadies hinterlassen? Wo sie an die Wand gedrückt und überfremdet werden? Wo sie Mühe haben zu überleben?«

»Die Welt würde nicht daran zugrunde gehen, wenn die Deutschen aussterben«, sagte Corinna trocken.

Großvater starrte sie entrüstet an. »Eine Welt ohne die Deutschen? Bist du denn schon so dekadent, dass dir nichts mehr an deinem Volk liegt? Wir Deutschen vertreten eine Führungsposition in der Welt, wir sind Vorbilder für viele Völker –«

»Großer Gott«, seufzte Corinna. Aber Tante Irene nickte höflich.

Großvater ließ sich nicht unterbrechen. »Unsere Nationaltugenden wie Fleiß, Ordnung, Pflichterfüllung –«

»Alles zweitrangige Tugenden«, unterbrach ihn Vati. »Auch Hitler war wahrscheinlich fleißig, ordentlich und pflichtbewusst –« Und er setzte hinzu: »Was er darunter verstand.«

»Ich finde Zivilcourage wichtiger als Ordnung oder Fleiß«, sagte Jirgalem, der sehr aufmerksam zugehört hatte.

»Du bist nicht gefragt!«, rief Großvater scharf.

»Warum denn nicht?«, rief Mutti empört. »Er ist schließlich sechzehn Jahre alt!«

»Aber er ist kein Deutscher!«

Rike fing an zu weinen. Sie hatte sicher nicht verstanden, worum es ging. Aber sie ertrug es nicht, wenn man sich in ihrer Gegenwart zankte. Großvater warf ihr einen ärgerlichen Blick zu. Mutti hatte mal gesagt, er würde sich nie damit abfinden, eine mongoloide Enkelin zu haben. Normalerweise beachtete er das Kind nicht.

Aber jetzt störte es. Großmutter führte Rike – liebevoll an sich gedrückt – hinaus in die Küche.

»Natürlich ist er ein Deutscher!«, riefen Gesa, Vati und Ulf gleichzeitig. Und Ulf fügte hinzu: »Schau dir doch seinen Pass an!«

»Das hat nichts mit dem Pass zu tun«, sagte Großvater langsam und betont deutlich. »Es ist eine Frage der Rasse.«
Vati sprang auf. »Ja, wo leben wir denn?«, rief er zornig. »Hitlers Zeiten sind ein für alle Mal vorbei!«
Onkel Bernd zog ihn wieder auf seinen Stuhl zurück. »Nimm doch Rücksicht auf seine Gesundheit, Erik«, flüsterte er ihm halblaut zu. »Das regt ihn alles so auf. Sag Ja und Amen und denk dir dein Teil.«
»Nein«, sagte Mutti so laut, dass es alle hören konnten, »was gesagt werden muss, das muss gesagt werden. Nie wieder Ja-und-Amen!«
»Wenn du dich nur nicht verrechnest, Tochter«, sagte Großvater. Mutti wollte etwas sagen, aber Corinna kam ihr zuvor: »Wenn nicht Ausländer immer wieder frische Luft in unseren deutschen Mief brächten, wär's hier nicht auszuhalten.«
Gesa sah, dass Boris grinste. Er dachte wohl an Corinnas Freunde. Darunter waren auch Ausländer.
»Wenn du dich nur nicht verrechnest?«, wiederholte Mutti Großvaters Worte. »Was meinst du damit?«
»Im übernächsten Sommer sind Bundestagswahlen«, antwortete er fast feierlich. »Die ersten Bundestagswahlen seit der Flaute. Im Volk gärt's. Sieben Millionen Arbeitslose, und tagtäglich strömen neue Scharen von Ausländern herein. Ich sag euch nur: Es wird einen Erdrutsch geben!«
»Du denkst an deine Partei, nicht wahr?«, sagte Onkel Bernd. »Jetzt bundesweit durchschnittlich fünfzehn Prozent. Wenn kein Aufschwung kommt, könnte ich mir im nächsten Jahr zwanzig Prozent schon vorstellen.«
»Wenn nicht mehr!«, rief Großvater und schwenkte das Messer.

Tante Irene nickte eifrig. »Es wird ja auch Zeit, dass die Gewerkschaften gedämpft werden«, sagte sie. »Die Arbeiter tun immer noch so, als wären sie die Herren. Wo sich doch schon fünfzig oder mehr um einen freien Arbeitsplatz schlagen.«

»Und wenn ihr auch zwanzig Prozent bekämt, ihr Republikaner«, sagte Vati, »wärt ihr, zum Glück, deswegen noch lange nicht an der Macht.«

»Wo ein Wille, da ein Weg«, antwortete Großvater.

»Ihr Mittelständler«, sagte Vati kopfschüttelnd, »seid krank vor Angst um euren Besitz ...«

»Und wozu rechnest du dich?«, fragte Onkel Bernd.

»Mein materieller Besitz ist nicht der Rede wert«, sagte Vati. »Aber ich habe auch Angst. Um unsere Demokratie. Um unsere Freiheit.«

**Auszug aus dem
Ravensburger Taschenbuch 58019
»Der Schlund«
von Gudrun Pausewang**